夢をつかもう！

ノーベル賞感動物語

高橋うらら・著
森川 泉・絵

JN167188

集英社みらい文庫

目次《もくじ》

はじめに …… 4

第一章《だいいっしょう》 アルフレッド・ノーベルとノーベル賞《しょう》の歴史《れきし》 —— 7

第二章《だいにしょう》 受賞者《じゅしょうしゃ》たちの物語《ものがたり》 —— 29

マリー・キュリー …… 30
アルベルト・アインシュタイン …… 42
湯川秀樹《ゆかわひでき》 …… 54
アルベルト・シュバイツァー …… 66
川端康成《かわばたやすなり》 …… 78
マザー・テレサ …… 90

下村脩《しもむらおさむ》……102
山中伸弥《やまなかしんや》……114
マララ・ユスフザイ……126
大村智《おおむらさとし》……138
小柴昌俊《こしばまさとし》・梶田隆章《かじたたかあき》……150

第《だい》三章《しょう》 ノーベル賞《しょう》の「こんなこと知《し》りたい！」……165
ノーベル賞《しょう》Q＆A……166
ノーベル賞《しょう》の受賞者《じゅしょうしゃ》が発見《はっけん》、発明《はつめい》、開発《かいはつ》に関《かか》わったもの……177
資料《しりょう》1 日本人《にほんじん》のノーベル賞受賞者《しょうじゅしょうしゃ》（二〇一六年《ねん》まで）……181
資料《しりょう》2 国別受賞者数《くにべつじゅしょうしゃすう》……184
主要参考文献《しゅようさんこうぶんけん》・サイトなど……186

はじめに

毎年秋《まいとしあき》にノーベル賞《しょう》の受賞者《じゅしょうしゃ》が発表《はっぴょう》されると、テレビや新聞《しんぶん》、インターネットなどで大《おお》きく取《と》りあげられます。

この本《ほん》を書《か》いている今年《ことし》（二〇一六年《ねん》）も、日本人《にほんじん》の大隅良典《おおすみよしのり》さんが生理学《せいりがく》・医学賞《いがくしょう》を受賞《じゅしょう》しました。

ノーベル賞《しょう》は、世界的《せかいてき》に有名《ゆうめい》な栄誉《えいよ》ある賞《しょう》です。

きっと受賞者《じゅしょうしゃ》たちは、若《わか》いときから高《たか》い目標《もくひょう》をかかげ、どんなにつらいことがあっても負《ま》けずに自分《じぶん》の道《みち》を歩《あゆ》みつづけていったのでしょう。

しかしよく調《しら》べてみると、ノーベル賞《しょう》をもらった人《ひと》がみんな、子《こ》どものころから天才《てんさい》や秀才《しゅうさい》だったわけでもなさそうです。

いったい受賞者《じゅしょうしゃ》たちは、どんな子《こ》ども時代《じだい》を送《おく》ったのでしょう？

何《なに》をきっかけにその道《みち》に進《すす》み、どんなすごい発見《はっけん》や発明《はつめい》、研究《けんきゅう》をしたのでしょう？

あるいは、どんな活動《かつどう》や文学作品《ぶんがくさくひん》が、高《たか》く評価《ひょうか》されたのでしょう？

この本《ほん》では、ノーベル賞《しょう》が設立《せつりつ》されるまでの物語《ものがたり》と、代表的《だいひょうてき》な受賞者《じゅしょうしゃ》十二人《にん》の経歴《けいれき》、賞《しょう》についてのちょっとした雑学《ざつがく》を紹介《しょうかい》します。

それぞれのストーリーを読《よ》んでいくと、こんなことに気《き》がつくかもしれません。どんなに立派《りっぱ》なノーベル賞受賞者《しょうじゅしょうしゃ》も、必《かなら》ずだれかの助《たす》けがあってこそ、偉業《いぎょう》を成《な》しとげています。また、学者《がくしゃ》たちの研究《けんきゅう》は、次《つぎ》の世代《せだい》に受《う》け継《つ》がれるうち、新《あたら》しいことが少《すこ》しずつ解明《かいめい》され、だんだん前《まえ》に進《すす》んでいっています。

つまり、多《おお》くの人《ひと》の力《ちから》が合《あ》わさってこそ、わたしたちの科学《かがく》や文明《ぶんめい》は、進歩《しんぽ》してきたのです。

この一冊《いっさつ》を読《よ》み終《お》わったとき、読者《どくしゃ》の方々《かたがた》がこの賞《しょう》に興味《きょうみ》を持《も》ち、「わたしも何《なに》か発明《はつめい》してみたいな」「科学《かがく》っておもしろいな」「世界中《せかいじゅう》の人《ひと》に読《よ》んでもらえる小説《しょうせつ》を書《か》いてみたいな」「世《よ》の中《なか》の人《ひと》のために活動《かつどう》してみたいな」「いつか自分《じぶん》もノーベル賞《しょう》をもらいたい！」と、将来《しょうらい》に夢《ゆめ》をふくらませてくれたら、とてもうれしく思《おも》います。

二〇一六年《ねん》十月《がつ》　　高橋《たかはし》うらら

写真
【p9、p30】©Roger-Viollet/amanaimages
【p27、p78、p102、p114、p138 、p150】© 共同通信社 / アマナイメージズ
【p42】©Science Source/amanaimages
【p66】©TopFoto/amanaimages
【p90】©ZUMA PRESS/amanaimages
【p126】©ZUMAPRESS.com/amanaimages

第《だい》一章《しょう》　アルフレッド・ノーベルとノーベル賞《しょう》の歴史《れきし》

貧《まず》しい子《こ》ども時代《じだい》

ノーベル賞《しょう》を設立《せつりつ》したアルフレッド・ノーベルは、一八三三年《ねん》十月《がつ》、スウェーデンのストックホルムで生《う》まれました。

スウェーデンは、北《きた》ヨーロッパのスカンジナビア半島《はんとう》にある国《くに》です。

今《いま》から二百年《ねん》近《ちか》く前《まえ》ですから、日本《にほん》なら江戸時代《えどじだい》の終《お》わりのころです。

ヨーロッパでは、紳士《しんし》はシルクハットをかぶり、女性《じょせい》たちはまだロングドレスを着《き》ていた時代《じだい》でした。

一家《いっか》には、お父《とう》さん、お母《かあ》さんと、二人《ふたり》のお兄《にい》さんがいました。

お父《とう》さんは建築家《けんちくか》でしたが、発明《はつめい》が好《す》きな人《ひと》でした。

建物《たてもの》や橋《はし》を建設《けんせつ》するときには、岩《いわ》を爆破《ばくは》する方法《ほうほう》をあれこれ試《ため》しました。

スウェーデンでは、日本《にほん》とちがい、地面《じめん》の下《した》に固《かた》い岩盤《がんばん》があります。建築工事《けんちくこうじ》をするときには、岩《いわ》をこわすことがたいへん重要《じゅうよう》なことでした。

「どんな風《ふう》に火薬《かやく》をしかけようかな？　もっといいやり方《かた》はないかな？」

お父《とう》さんは、仕事《しごと》を進《すす》めることより、いろいろな爆破《ばくは》の方法《ほうほう》を実験《じっけん》して試《ため》す方《ほう》に夢中《むちゅう》に

アルフレッド・ノーベル

なってしまいました。

そして肝心《かんじん》の仕事《しごと》はうまくいかず、とうとう事業《じぎょう》に失敗《しっぱい》して破産《はさん》し、たくさんの借金《しゃっきん》をかかえてしまったのです。

「でも、いつかきっと自分《じぶん》の発明《はつめい》が役《やく》に立《た》つ日《ひ》がくる！」

お父《とう》さんはそう信《しん》じ、ノーベルが四歳《さい》のころ、借金取《しゃっきんと》りから逃《に》げるように、一人《ひとり》で外国《がいこく》に旅立《たびだ》ってしまいました。

残《のこ》されたお母《かあ》さんは、とほうにくれました。

「困《こま》ったわ。わたしと子《こ》どもたちだけで、いったいどうやって生活《せいかつ》したらいいのかしら」

お母《かあ》さんは、なんとかお金《かね》を稼《かせ》ごうと、牛乳《ぎゅうにゅう》や野菜《やさい》を売《う》る小《ちい》さな食料品店《しょくりょうひんてん》を営《いとな》み、ノーベルと二人《ふたり》のお兄《にい》さんを育《そだ》てました。

貧《まず》しい生活《せいかつ》でしたが、ノーベルは勉強《べんきょう》をがんばって、いい成績《せいせき》をおさめました。

やがてノーベルが、九歳《さい》になった年《とし》のことです。

国《くに》を出《で》ていたお父《とう》さんから、うれしい手紙《てがみ》がきて、たくさんのお金《かね》も届《とど》きました。

「こっちに引《ひ》っ越《こ》しておいで。家族《かぞく》みんなでいっしょに住《す》もう」

ロシアにわたったお父《とう》さんは、ロシアの軍隊《ぐんたい》に、自分《じぶん》が開発《かいはつ》した機雷《きらい》（水中《すいちゅう》で使《つか》う爆《ばく》弾《だん》）などの武器《ぶき》を売《う》りこんで、すっかりお金持《かねも》ちになっていたのでした。

お父《とう》さんの発明《はつめい》によって、ロシアは後《のち》の戦争《せんそう》で、敵《てき》のイギリス海軍《かいぐん》の攻撃《こうげき》を防《ふせ》ぐことができたのです。

「やっと、毎日《まいにち》の食事《しょくじ》の心配《しんぱい》をしなくてすむようになった……」

お母《かあ》さんと息子《むすこ》たちは、ほっと胸《むね》をなでおろしました。

ロシアでの英才教育《えいさいきょういく》

こうして一八四二年《ねん》、ノーベルたち母子《ははこ》は、当時《とうじ》のロシアの首都《しゅと》、サンクトペテルブルクに移《うつ》り、お父《とう》さんといっしょに暮《く》らしはじめました。

やがて、エミールという、かわいい弟《おとうと》も生《う》まれました。

四人《よにん》の兄弟《きょうだい》は、家庭教師《かていきょうし》をつけてもらい、立派《りっぱ》な教育《きょういく》を受《う》けました。自然科学《しぜんかがく》や外国語《がいこくご》、文学《ぶんがく》を勉強《べんきょう》しました。

こうして成長《せいちょう》したノーベルは、十七歳《さい》のときには、母国《ぼこく》のスウェーデン語《ご》に加《くわ》え、ロシア語《ご》、フランス語《ご》、英語《えいご》、ドイツ語《ご》の読《よ》み書《か》きができるようになっていました。

若《わか》きノーベルは、物理《ぶつり》や化学《かがく》に興味《きょうみ》を持《も》っていましたが、文学《ぶんがく》もとても好《す》きでした。ノーベル賞《しょう》に「文学《ぶんがく》」の分野《ぶんや》があるのは、このノーベルの思《おも》いが反映《はんえい》されているためといわれています。

しかしお父《とう》さんは、息子《むすこ》が文学《ぶんがく》にのめりこむことには、反対《はんたい》でした。

「詩《し》なんか書《か》いていないで、わたしの仕事《しごと》の手伝《てつだ》いをしてほしい！」

お父《とう》さんは、ノーベルを化学技術者《かがくぎじゅつしゃ》にさせようと、外国《がいこく》に行《い》かせることにしました。

こうしてノーベルは、フランスのパリに留学《りゅうがく》し、有名《ゆうめい》な化学者《かがくしゃ》ペルーズに学《まな》びました。

そこでイタリアの化学者《かがくしゃ》、アスカニオ・ソブレロに出会《であ》います。彼《かれ》は数年前《すうねんまえ》に、ニトログリセリンという液体《えきたい》の合成《ごうせい》に成功《せいこう》したばかりでした。

ニトログリセリンの特質《とくしつ》のひとつとして、爆発力《ばくはつりょく》がすごいことがあげられます。ちょっとした衝撃《しょうげき》で爆発《ばくはつ》し、周囲《しゅうい》の物《もの》を吹《ふ》き飛《と》ばします。

「なんてすごい力《ちから》を持《も》った液体《えきたい》なんだ！」

ノーベルは、このニトログリセリンに、興味《きょうみ》を持《も》ちました。

「これを使《つか》って新《あたら》しい火薬《かやく》を開発《かいはつ》すれば、きっと役立《やくだ》つにちがいない！」

しかし、爆発《ばくはつ》しやすいニトログリセリンは、取《と》りあつかいがとてもむずかしいのです。

「このままでは、なかなか安全《あんぜん》に使《つか》いこなすことはできない……」

ノーベルは悩《なや》みました。

ロシアに帰《かえ》ると、お父《とう》さんの助手《じょしゅ》として働《はたら》き、この液体《えきたい》をどうしたらうまく使《つか》えるか、研究《けんきゅう》を続《つづ》けました。

雷管《らいかん》やダイナマイトの発明《はつめい》

お父《とう》さんの会社《かいしゃ》は、その後《ご》も繁盛《はんじょう》していましたが、戦争《せんそう》が終《お》わったとたん、武器《ぶき》が売《う》れなくなり、うまくいかなくなってしまいました。

お父《とう》さんは、上《うえ》のお兄《にい》さん二人《ふたり》に会社《かいしゃ》をまかせ、お母《かあ》さんや末《すえ》の弟《おとうと》エミールと共《とも》に、スウェーデンにもどりました。

しばらくロシアに残《のこ》っていたノーベルも、やがてスウェーデンに帰《かえ》り、火薬《かやく》の研究《けんきゅう》を続《つづ》けました。

そして発明《はつめい》したのが、「雷管《らいかん》」です。

雷管《らいかん》とは、小《ちい》さな木《き》の箱《はこ》に火薬《かやく》をつめ、導火線《どうかせん》をつないだものです。つまり、爆発《ばくはつ》を起《お》こさせる道具《どうぐ》です。

これを、ニトログリセリンが入《はい》った缶《かん》の中《なか》に入《い》れます。導火線《どうかせん》に火《ひ》をつけてまず雷管《らいかん》を爆発《ばくはつ》させ、それにつられてニトログリセリンが爆発《ばくはつ》するよう仕向《しむ》けます。

作業《さぎょう》する人《ひと》は、雷管《らいかん》によって、以前《いぜん》よりは安全《あんぜん》にニトログリセリンを爆発《ばくはつ》させることができるようになりました。

この新式爆薬《しんしきばくやく》は、世《よ》の中《なか》からも注目《ちゅうもく》され、「ノーベル式油状爆薬《しきゆじょうばくやく》」と呼《よ》ばれました。

ところが――。

ドッカーン！

一八六四年《ねん》、ノーベルたちの火薬工場《かやくこうじょう》が、とつぜん大爆発《だいばくはつ》を起《お》こしてしまったのです！

しかも、工場《こうじょう》の中《なか》には、弟《おとうと》のエミールがいました。

「……エミール！」

悲《かな》しいことに、エミールと助手《じょしゅ》たちが、亡《な》くなってしまいました。

「ああ、どうしてこんなことに!」

ノーベルは、大《おお》きなショックを受《う》けましたが、それでも火薬《かやく》の製造《せいぞう》をあきらめませんでした。

けれども、爆発事故《ばくはつじこ》が起《お》きたために、「火薬工場《かやくこうじょう》は人《ひと》の少《すく》ない地域《ちいき》に作《つく》らなければならない」という決《き》まりになってしまいました。

「いったいどこに工場《こうじょう》を作《つく》れば、まわりの人《ひと》たちに迷惑《めいわく》をかけずにすむだろう……」

そこでノーベルは、スウェーデンのストックホルムのそばにある湖《みずうみ》、メーラレン湖《こ》のはしけ(底《そこ》が平《ひら》たい船《ふね》)の上《うえ》に工場《こうじょう》を作《つく》りました。

ここなら、万《まん》が一爆発《いちばくはつ》が起《お》きても、近《ちか》くの住民《じゅうみん》にまで被害《ひがい》がおよぶことはありません。

こうして大量《たいりょう》に生産《せいさん》された油状爆薬《ゆじょうばくやく》は、世界各国《せかいかっこく》で使《つか》われるようになりました。

ところが、またあちこちで事故《じこ》が続《つづ》き、死亡《しぼう》した人《ひと》も大《おお》ぜい出《で》ました。雷管《らいかん》を使《つか》っても、まだまだ少《すこ》しの衝撃《しょうげき》で爆発《ばくはつ》しやすい爆薬《ばくやく》だったのです。

「いったいどうしたら、もっと安全《あんぜん》に取《と》りあつかえるようになるんだろう……」

ノーベルは、工夫《くふう》を続《つづ》けました。

すると、珪藻土《けいそうど》と呼《よ》ばれる土《つち》に混《ま》ぜると、液体《えきたい》のニトログリセリンが粘土《ねんど》のようになり、棒《ぼう》の形《かたち》に整《ととの》えられることがわかりました。

こうすると、ふいに爆発《ばくはつ》することがなくなりました。

棒《ぼう》の形《かたち》にすれば、ドリルで掘《ほ》った穴《あな》に入《い》れて爆発《ばくはつ》させ、建設現場《けんせつげんば》で使《つか》うこともできます。

「これなら、安全性《あんぜんせい》がぐっと上《あ》がるぞ！　役《やく》に立《た》つ道具《どうぐ》になるはずだ！」

ノーベルはこの爆破薬《ばくはやく》を「ダイナマイト」と名《な》づけ、特許《とっきょ》をとりました。一八六六年《ねん》の発明《はつめい》です。

ダイナマイトや雷管《らいかん》は、引《ひ》っぱりだこになりました。

鉄道《てつどう》や道路《どうろ》を建設《けんせつ》したり、鉱山《こうざん》の石炭《せきたん》を掘《ほ》ったり……。世界中《せかいじゅう》で役立《やくだ》ちました。

ノーベルは、世界各国《せかいかっこく》に九十もの工場《こうじょう》を建《た》てました。パリに住《す》みながら、二十カ国以上《こくいじょう》の工場《こうじょう》を回《まわ》りました。若《わか》いとき学《まな》んだ語学《ごがく》が、ここで活《い》かされました。

こうして、とうとう億万長者《おくまんちょうじゃ》になったのです！

それでもノーベルは、人《ひと》びとの役《やく》に立《た》とうと、さらに発明《はつめい》を続《つづ》けました。

人工《じんこう》の絹糸《きぬいと》や、人工《じんこう》の皮《かわ》、人工《じんこう》のゴム……。ノーベルは、生涯《しょうがい》で三百五十五もの特許《とっきょ》をとった大発明家《だいはつめいか》でした。

ノーベルの悲《かな》しみ

ところが、思《おも》い描《えが》いていた夢《ゆめ》とはちがう、とても残念《ざんねん》なことも起《お》きました。

ダイナマイトが、戦争《せんそう》で使《つか》われたのです。

「自分《じぶん》が作《つく》り出《だ》したもので、人《ひと》が殺《ころ》されるなんて……」

ノーベルは、深《ふか》く悲《かな》しみ、心《こころ》を痛《いた》めました。

「そんなつもりで、ダイナマイトを開発《かいはつ》したわけではないのに……」

有《あ》り余《あま》るほどのお金《かね》を手《て》にしながら、結婚《けっこん》せず独身《どくしん》だったノーベルは、孤独《こどく》な生活《せいかつ》を送《おく》りました。

そんなある日《ひ》、仕事《しごと》がいそがしいノーベルは、新聞《しんぶん》に秘書《ひしょ》を募集《ぼしゅう》する広告《こうこく》を出《だ》しました。

すると、オーストリアの女性《じょせい》、ベルタ・キンスキーが、五カ国語《こくご》で出《だ》した広告《こうこく》に五カ国《こく》語《ご》の書類《しょるい》を書《か》いて応募《おうぼ》してきました。

「これだけ語学《ごがく》が堪能《たんのう》な女性《じょせい》なら、仕事《しごと》もできるにちがいない」

ノーベルは、彼女《かのじょ》を秘書《ひしょ》に採用《さいよう》しましたが、会《あ》ったとたん、その魅力《みりょく》にひかれてしまいました。

「なんて理知的《りちてき》でステキな女性《じょせい》なんだろう……！」

ところがベルタは、そんなノーベルの気持《きも》ちに気《き》づいたのか、すぐに仕事《しごと》をやめ、オーストリアに帰《かえ》ってしまったのです。

ノーベルは、うろたえました。

「……いったいどうして？」

「ごめんなさい。わたしには、ほかに好《す》きな人《ひと》がいるんです」

ベルタは、ほかの男性《だんせい》と結婚《けっこん》して、ベルタ・ズットナーとなりました。

「ああ、なんてことだ。せっかくすばらしい女性《じょせい》に出会《であ》えたのに……」

ノーベルは、がっかりしてしまいます。

その後《ご》ベルタは、国際的《こくさいてき》な平和運動家《へいわうんどうか》として活躍《かつやく》するようになりました。『武器《ぶき》を捨《す》てよ！』という有名《ゆうめい》な本《ほん》も書《か》き、後《のち》にノーベル平和賞《へいわしょう》も受賞《じゅしょう》しています。

それからもノーベルは、孤独《こどく》な日々《ひび》を送《おく》ることになりました。

そして、一八八八年《ねん》、二番目《ばんめ》のお兄《にい》さんが亡《な》くなったときのことです。

ノーベルは新聞《しんぶん》を広《ひろ》げて、腰《こし》をぬかすほど驚《おどろ》いたのです。


アルフレッド・ノーベル博士《はかせ》　死《し》の商人《しょうにん》死《し》す

新聞記者《しんぶんきしゃ》が、お兄《にい》さんではなく、ノーベルが死《し》んだとかんちがいして、まちがった死亡《しぼう》記事《きじ》を書《か》いてしまったのでした。

ノーベルは、兵器《へいき》を発明《はつめい》して富《とみ》を築《きず》いた人《ひと》、と説明《せつめい》されていました。

「なんてことだ！　自分《じぶん》が死《し》んだら、こんな風《ふう》にいわれるのか。人《ひと》びとの役《やく》に立《た》てばと思《おも》えばこそ、ダイナマイトを発明《はつめい》したのに……」

どれだけショックだったことでしょう。

そんな中《なか》、結婚《けっこん》してしまったベルタ・ズットナーと手紙《てがみ》のやりとりを続《つづ》けるうち、彼女《かのじょ》の平和運動《へいわうんどう》に影響《えいきょう》され、こう思《おも》いつきました。

「やはり戦争《せんそう》はいけない。平和《へいわ》で豊《ゆた》かな世《よ》の中《なか》を築《きず》くために、わたしたちは努力《どりょく》していくべきなんだ。そうだ、自分《じぶん》の考《かんが》えを示《しめ》すためにも、わたしが死《し》んだ後《あと》の財産《ざいさん》は、平和《へいわ》に貢《こう》献《けん》した人《ひと》たちに与《あた》えよう！　人類《じんるい》の未来《みらい》に役立《やくだ》つ賞《しょう》を設立《せつりつ》しよう！」

これが、ノーベル賞《しょう》が生《う》まれたきっかけです。

ノーベルは、一八九五年《ねん》、遺言書《ゆいごんしょ》に賞《しょう》の内容《ないよう》をくわしくしたため、その翌年《よくとし》の一八九六年《ねん》、そのころ住《す》んでいたイタリアのサンレモで、脳溢血《のういっけつ》のため、六十三歳《さい》でこの世《よ》を去《さ》りました。

ノーベルの遺言《ゆいごん》とノーベル賞《しょう》の設立《せつりつ》

ノーベルは遺言《ゆいごん》で、財産《ざいさん》のほとんどを、人類《じんるい》に貢献《こうけん》した人《ひと》に与《あた》える賞《しょう》のために使《つか》うよう、書《か》き残《のこ》していました。選《えら》んだ分野《ぶんや》は、彼《かれ》が深《ふか》い関心《かんしん》を持《も》っていた「物理学《ぶつりがく》」「化学《かがく》」「生理学《せいりがく》・医学《いがく》」「文学《ぶんがく》」、そして心《こころ》から望《のぞ》んでいた「平和《へいわ》」でした。

その金額《きんがく》は、今《いま》の日本円《にほんえん》にして二百億円《おくえん》以上《いじょう》というとてつもない大金《たいきん》です。

しかし、多《おお》くの人《ひと》が、ノーベルの遺産《いさん》をあてにしていました。自分《じぶん》がたくさんもらえないとわかった人《ひと》たちは、大《おお》さわぎをはじめました。

「どうして親戚《しんせき》のわたしたちが、ほんの少《すこ》ししかもらえないんだ！」

また、こんな反対意見《はんたいいけん》もありました。

「スウェーデン以外《いがい》の国《くに》の人《ひと》にも賞金《しょうきん》を与《あた》えるって？　スウェーデンの財産《ざいさん》が外国《がいこく》に流出《りゅうしゅつ》するのはよくないんじゃないか？」

ノーベルが信頼《しんらい》していた助手《じょしゅ》のラグナール・ソールマンが中心《ちゅうしん》となって、その人《ひと》たちを説得《せっとく》してまわりました。

「まあまあ、落《お》ちついて！　亡《な》きノーベル氏《し》の遺志《いし》を尊重《そんちょう》してあげてください。これは、平和《へいわ》で豊《ゆた》かな人類《じんるい》の未来《みらい》を築《きず》くための賞《しょう》なんですから」

けっきょくノーベル財団《ざいだん》が設立《せつりつ》されるまでに四年《ねん》もかかりましたが、一九〇一年《ねん》、という最初《さいしょ》のノーベル賞《しょう》が授与《じゅよ》されました。

第一回目《だいいっかいめ》の受賞者《じゅしょうしゃ》は、X線《エックスせん》を発見《はっけん》したヴィルヘルム・レントゲン（物理学賞《ぶつりがくしょう》）や、戦争《せんそう》のとき敵味方《てきみかた》なく負傷者《ふしょうしゃ》を助《たす》ける「赤十字《せきじゅうじ》」を設立《せつりつ》したアンリー・デュナン（平和賞《へいわしょう》）などでした。

それ以来《いらい》、受賞者《じゅしょうしゃ》は毎年秋《まいとしあき》に発表《はっぴょう》され、授賞式《じゅしょうしき》は、ノーベルの命日《めいにち》十二月《がつ》十日《か》に、スウェーデンのストックホルム（平和賞以外《へいわしょういがい》）と、となりの国《くに》ノルウェーのオスロ（平和《へいわ》賞《しょう》）で行《おこな》われています。

ノーベル経済学賞《けいざいがくしょう》

ノーベル賞《しょう》に「経済学賞《けいざいがくしょう》」が加《くわ》わったのは、ノーベルの死《し》から七十年《ねん》以上《いじょう》経《た》った、一九六八年《ねん》のことです。

この賞《しょう》は正《ただ》しくは、「アルフレッド・ノーベル記念経済学《きねんけいざいがく》スウェーデン国立銀行賞《こくりつぎんこうしょう》」といい、銀行《ぎんこう》が賞金《しょうきん》を与《あた》える賞《しょう》です。

それまでのノーベル賞《しょう》とは性格《せいかく》が異《こと》なっており、ノーベルの親戚《しんせき》たちはこれを認《みと》めていません。

ノーベル賞《しょう》の選《えら》び方《かた》

ノーベル賞《しょう》を運営《うんえい》しているのは、スウェーデンの首都《しゅと》、ストックホルムにある「ノーベル財団《ざいだん》」です。

この財団《ざいだん》は、ノーベルの遺産《いさん》を管理《かんり》するのが仕事《しごと》で、賞《しょう》の選考《せんこう》には直接関《ちょくせつかか》わっていません。賞《しょう》の選考《せんこう》を行《おこな》うのは、次《つぎ》の組織《そしき》です。

物理学賞《ぶつりがくしょう》、化学賞《かがくしょう》、経済学賞《けいざいがくしょう》……スウェーデン王立科学《おうりつかがく》アカデミー
生理学《せいりがく》・医学賞《いがくしょう》……医科大学《いかだいがく》「カロリンスカ研究所《けんきゅうじょ》」
文学賞《ぶんがくしょう》……スウェーデン・アカデミー
平和賞《へいわしょう》……ノルウェー・ノーベル委員会《いいんかい》

それでは、いったいどうやって受賞者《じゅしょうしゃ》は決定《けってい》されるのでしょうか?

まず、前《まえ》の年《とし》の九月《がつ》に、各組織《かくそしき》が、専門家《せんもんか》や過去《かこ》の受賞者《じゅしょうしゃ》らにノーベル賞《しょう》の候補者《こうほしゃ》を推《すい》薦《せん》してくれるように頼《たの》みます。

授賞《じゅしょう》の年《とし》の一月末《がつまつ》に、推薦《すいせん》が締《し》め切《き》られます。

そして、「その研究者《けんきゅうしゃ》が本当《ほんとう》に最初《さいしょ》に手《て》がけたものか」「同《おな》じような成果《せいか》を挙《あ》げた研究者《けんきゅうしゃ》がほかにいないか」などを調査《ちょうさ》し、候補者《こうほしゃ》をしぼっていきます。

そして十月《がつ》、各選考機関《かくせんこうきかん》が任命《にんめい》するノーベル賞委員《しょういいん》などによる多数決投票《たすうけつとうひょう》で、受賞者《じゅしょうしゃ》が

決定《けってい》、発表《はっぴょう》されるのです。受賞者《じゅしょうしゃ》は各部門《かくぶもん》三人《にん》まで選《えら》ばれます。平和賞《へいわしょう》のみ、個人《こじん》だけではなく団体《だんたい》も対象《たいしょう》となります。

人種《じんしゅ》や国籍《こくせき》、年齢《ねんれい》、学歴《がくれき》、性別《せいべつ》などは問題《もんだい》にされませんが、「生《い》きている人《ひと》であること」が条件《じょうけん》になります。

気《き》になる賞金《しょうきん》の額《がく》ですが、いったいどのくらいなのでしょうか。

二〇一五年《ねん》の賞金《しょうきん》は、一部門《ぶもん》につき八〇〇万《まん》スウェーデンクローネ（日本円《にほんえん》で約《やく》一億《おく》円《えん》）でした。

何人《なんにん》かで受賞《じゅしょう》した場合《ばあい》は、賞金《しょうきん》を分《わ》けることになりますが、それでも、たいへんな金額《きんがく》ですね！

華《はな》やかな授賞式《じゅしょうしき》

それでは、授賞式《じゅしょうしき》の様子《ようす》を見《み》てみましょう。

ストックホルムの授賞式《じゅしょうしき》（平和賞以外《へいわしょういがい》）の場合《ばあい》、受賞者《じゅしょうしゃ》は、グランドホテルという由緒《ゆいしょ》あるホテルに泊《と》まり、ノーベル賞《しょう》の金《きん》メダルが描《えが》かれたリムジンで移動《いどう》します。ノーベル博物館《はくぶつかん》で、カフェの椅子《いす》の裏《うら》にサインをするのが恒例《こうれい》です。滞在期間中《たいざいきかんちゅう》にストックホルム大学《だいがく》などで、記念講演《きねんこうえん》もします。

授賞式《じゅしょうしき》では、男性《だんせい》は燕尾服《えんびふく》に白《しろ》い蝶《ちょう》ネクタイ、女性《じょせい》はイブニングドレスの正装《せいそう》をします。各国《かっこく》の民族衣装《みんぞくいしょう》を着《き》る場合《ばあい》もあり、日本人《にほんじん》なら格《かく》の高《たか》い着物《きもの》を着《き》ることもあります。オーケストラが演奏《えんそう》する中《なか》、スウェーデン国王《こくおう》からメダルと賞状《しょうじょう》を授与《じゅよ》されます。授賞式《じゅしょうしき》の後《あと》には、晩餐会《ばんさんかい》と舞踏会《ぶとうかい》が開《ひら》かれます。

ノルウェーのオスロでの平和賞授賞式《へいわしょうじゅしょうしき》は、正装《せいそう》でなくてもかまわない質素《しっそ》な雰囲気《ふんいき》で行《おこな》われます。ノルウェー国王《こくおう》も出席《しゅっせき》しますが、メダルと賞状《しょうじょう》を渡《わた》すのはノルウェー・ノーベル委《い》員会《いんかい》の選考委員長《せんこういいんちょう》です。

委員長《いいんちょう》と受賞者《じゅしょうしゃ》のスピーチがあり、全世界《ぜんせかい》に平和《へいわ》のメッセージが伝《つた》えられます。

© ® The Nobel Foundation.

ノーベル賞《しょう》のメダル。表面《おもてめん》にはノーベルの肖像《しょうぞう》。平和《へいわ》賞《しょう》と経済学賞《けいざいがくしょう》は少《すこ》し違《ちが》うデザインです。メダルの裏《うら》も分野《ぶんや》によって異《こと》なります。

ノーベル賞《しょう》の授賞式《じゅしょうしき》。

1968年《ねん》に文学賞《ぶんがくしょう》を受賞《じゅしょう》した川端康成《かわばたやすなり》（写真《しゃしん》の一番右《いちばんみぎ》）は、
和服《わふく》の正装《せいそう》で授賞式《じゅしょうしき》に出席《しゅっせき》した。
（首《くび》にかかっているのは日本政府《にほんせいふ》から授与《じゅよ》された文化勲章《ぶんかくんしょう》）

第《だい》二章《しょう》　受《じゅ》賞《しょう》者《しゃ》たちの物《もの》語《がたり》

女性《じょせい》で初《はじ》めての受賞《じゅしょう》

マリー・キュリー

1867年《ねん》11月《がつ》7日《か》〜1934年《ねん》7月《がつ》4日《か》

1903年《ねん》　ノーベル物理学賞《ぶつりがくしょう》

1911年《ねん》　ノーベル化学賞《かがくしょう》

マリー・キュリーは、日本《にほん》では「キュリー夫人《ふじん》」という呼《よ》び名《な》で知《し》られている、女性《じょせい》で初《はじ》めてのノーベル賞受賞者《しょうじゅしょうしゃ》です。

科学《かがく》に興味《きょうみ》を持《も》った子《こ》ども時代《じだい》

マリー・キュリーは、ノーベルがダイナマイトを発明《はつめい》した次《つぎ》の年《とし》、一八六七年《ねん》に、東《ひがし》ヨーロッパのポーランドの首都《しゅと》、ワルシャワで生《う》まれました。

くせ毛《げ》の金髪《きんぱつ》に、灰色《はいいろ》がかった青《あお》い瞳《ひとみ》の女《おんな》の子《こ》でした。

お父《とう》さんは中学校《ちゅうがっこう》の先生《せんせい》で、お母《かあ》さんも元《もと》は学校《がっこう》の先生《せんせい》でした。

マリーは末《すえ》っ子《こ》で、上《うえ》には三人《にん》のお姉《ねえ》さんと、お兄《にい》さんが一人《ひとり》いました。

四歳《さい》のころ、二《ふた》つ年上《としうえ》のブロニスワバお姉《ねえ》さんが読《よ》んでいた本《ほん》を、じょうずに朗読《ろうどく》してみせました。

「マ、マリー！」

家族《かぞく》があんまりびっくりしたので、マリーは怒《おこ》られたのだとかんちがいし、わっと泣《な》きだしてしまいました。

「ちがうの。マリーはすごいねって、みんなおどろいたのよ」

お母《かあ》さんになぐさめられて、やっと泣《な》きやみました。

「マリーは本当《ほんとう》に読書《どくしょ》が好《す》きね。あんなに夢中《むちゅう》になって……」

本《ほん》を読《よ》むときは、まわりのことがいっさい目《め》に入《はい》りません。

そんなマリーが、幼《おさな》いころ興味《きょうみ》を持《も》ったのは、お父《とう》さんの部屋《へや》にある科学《かがく》の実験道具《じっけんどうぐ》でした。ガラスの管《くだ》や、ビーカー、計量《けいりょう》する機械《きかい》、鉱石《こうせき》……。

「あの道具《どうぐ》を使《つか》って、どんなことができるのかしら。わたしもいつか実験《じっけん》してみたいな」

後《のち》にマリーが科学《かがく》の道《みち》に進《すす》んだのは、お父《とう》さんの影響《えいきょう》が強《つよ》かったのではないかといわれています。

しかしお父《とう》さんは、やがて勤《つと》めていた中学校《ちゅうがっこう》をやめなくてはならなくなりました。

当時《とうじ》のポーランドは、ロシアに占領《せんりょう》されていましたが、その学校《がっこう》のロシア人《じん》の校長《こうちょう》と意見《いけん》が合《あ》わなかったのです。

「困《こま》った。いったいどうやって、五人《にん》の子《こ》を育《そだ》てていったらいいんだろう……」

お父《とう》さんとお母《かあ》さんは、家《いえ》に中学生《ちゅうがくせい》の男《おとこ》の子《こ》たちを寄宿《きしゅく》させ、勉強《べんきょう》を教《おし》えてお金《かね》を稼《かせ》ぐことにしました。

けれども、マリーの家族《かぞく》には、さらに不幸《ふこう》が続《つづ》きました。

一番上《いちばんうえ》のお姉《ねえ》さんが、チフスという病気《びょうき》にかかって亡《な》くなってしまったのです。

結核《けっかく》にかかっていたお母《かあ》さんの病状《びょうじょう》も、悪化《あっか》してしまいました。

お母《かあ》さんは、子《こ》どもたちに結核《けっかく》が移《うつ》っては大変《たいへん》だと、あいさつのキスさえしてくれないのです。

マリーは、それがさみしくてしかたありません。

「早《はや》くよくなって、わたしたちを思《おも》いきりだきしめて！」

しかし、その願《ねが》いもむなしく、お母《かあ》さんはとうとう天国《てんごく》に行《い》ってしまいました。

マリーが、まだ十歳《さい》のときでした。

「……お母《かあ》さん！　どうしてこんなに早《はや》くいってしまったの？」

それでもマリーは、まじめな優等生《ゆうとうせい》として、がんばりました。高等女学校《こうとうじょがっこう》を卒業《そつぎょう》するときは、成績優秀《せいせきゆうしゅう》で金《きん》メダルをもらいました。

パリの大学《だいがく》へ

そのころ、ロシアに支配《しはい》されていたポーランドでは、女性《じょせい》が大学《だいがく》に入《はい》ることは許《ゆる》されていませんでした。けれども本当《ほんとう》はマリーも、二《ふた》つ上《うえ》のブロニスワバお姉《ねえ》さんも、大学《だいがく》で勉《べん》強《きょう》したくてしかたありませんでした。それには、外国《がいこく》の大学《だいがく》に進《すす》むしかありません。しかし、お父《とう》さんの稼《かせ》ぎは少《すく》なく、とてもそんな高《たか》い学費《がくひ》や生活費《せいかつひ》は払《はら》えません。

そこでマリーは、ブロニスワバお姉《ねえ》さんと、ある計画《けいかく》を立《た》てました。

「そうだわ。こうしない？　わたしが家庭教師《かていきょうし》をしてお金《かね》を稼《かせ》いで、まずお姉《ねえ》さんがフランスのパリの大学《だいがく》に入《はい》って勉強《べんきょう》する。お姉《ねえ》さんが卒業《そつぎょう》して働《はたら》きだしたら、わたしもパリに行《い》って大学《だいがく》に入《はい》る。そのときは、お姉《ねえ》さんがお返《かえ》しにわたしの学費《がくひ》を払《はら》ってね！」

「そうね！　そうすれば二人《ふたり》とも大学《だいがく》に行《い》けるわね！」

こうして、お姉《ねえ》さんはパリの大学《だいがく》に入《はい》り、医学《いがく》を勉強《べんきょう》しました。その間《かん》マリーは、お金《かね》を稼《かせ》ぐ係《かかり》を務《つと》めました。

やがてお姉《ねえ》さんは、お医者《いしゃ》さんと結婚《けっこん》し、パリで病院《びょういん》を開《ひら》きました。

「待《ま》たせてごめんなさいマリー！　さあ、パリへいらっしゃい！　わたしたちの家《いえ》に住《す》んで大学《だいがく》へ通《かよ》って！」

二十三歳《さい》になっていたマリーは、ようやくパリのソルボンヌ大学《だいがく》の理学部《りがくぶ》に入《はい》ると、物《ぶつ》理学《りがく》と数学《すうがく》を学《まな》びはじめました。しかし、いざ大学《だいがく》に入学《にゅうがく》してみると、ほかの学生《がくせい》たちより、勉強《べんきょう》がずいぶんおくれていることに気《き》づきました。

「だめだわ。もっと、がんばらないと……」

最初《さいしょ》は、お姉《ねえ》さんたちの新婚家庭《しんこんかてい》に住《す》んでいましたが、お客《きゃく》さんたちが大《おお》ぜいやってきていつもにぎやかです。勉強《べんきょう》に集中《しゅうちゅう》するため、静《しず》かな下宿《げしゅく》に引《ひ》っ越《こ》しました。

なるべくお金《かね》を節約《せつやく》できるよう、パン一切《ひとき》れとお茶《ちゃ》だけで、一日《にち》の食事《しょくじ》をすますこともありました。図書館《としょかん》や下宿《げしゅく》で、夜遅《よるおそ》くまで勉強《べんきょう》しました。

ところが、無理《むり》な生活《せいかつ》がたたり、とうとうある日《ひ》マリーは、友《とも》だちの前《まえ》で、ばったり倒《たお》れてしまったのです。すぐに、医者《いしゃ》であるお姉《ねえ》さんの夫《おっと》が呼《よ》ばれました。

「これはいけない！　ちゃんと食《た》べなきゃだめだよ、マリー！」

マリーはそれから一週間《しゅうかん》、お姉《ねえ》さんたちの家《いえ》にもどり、栄養《えいよう》のあるご飯《はん》をたっぷり食《た》べて、やっと元気《げんき》になりました。

こうして、夢中《むちゅう》で勉強《べんきょう》をがんばったマリーは、物理学《ぶつりがく》では一番《ばん》、数学《すうがく》では二番《ばん》で大学《だいがく》を卒業《そつぎょう》しました。

そのころ出会《であ》ったのが、同《おな》じ物理学《ぶつりがく》の研究者《けんきゅうしゃ》で、八歳年上《さいとしうえ》のピエール・キュリーです。

ピエールは、科学《かがく》を熱心《ねっしん》に語《かた》るマリーに、一目《ひとめ》で恋《こい》をし、こういいました。

「どうか、パリにずっといてください。そしてぼくと、……結婚《けっこん》してください！　いっしょに研究者《けんきゅうしゃ》の道《みち》を進《すす》みましょう！」

「ありがとう。わたしもあなたのことが好《す》きだし、尊敬《そんけい》しています！」

こうして二人《ふたり》は結婚《けっこん》し、二年後《ねんご》には長女《ちょうじょ》のイレーヌが生《う》まれました。

ラジウムの発見《はっけん》

そのころ、フランスの学者《がくしゃ》アンリ・ベクレルによって、ウランという物質《ぶっしつ》が、ふしぎな光線《こうせん》を発《はっ》していることが発見《はっけん》されていました。

「あの光線《こうせん》は、いったいなんなんだろう？　もしかすると、ウランのほかにも同《おな》じような光線《こうせん》を出《だ》す物質《ぶっしつ》があるかもしれない！」

マリーがその光線《こうせん》に興味《きょうみ》を持《も》つと、夫《おっと》のピエールも研究《けんきゅう》に加《くわ》わってくれることになりました。そしてとうとう一八九八年《ねん》、ウランよりさらに強《つよ》い光線《こうせん》を出《だ》す「ポロニウム」と「ラジウム」を発見《はっけん》したのです。

さらに研究《けんきゅう》を進《すす》めるため、夫婦《ふうふ》は、ボロボロの建物《たてもの》を借《か》りうけ、そこを研究室《けんきゅうしつ》にしました。何《なん》十キロものピッチブレンドという鉱石《こうせき》を研究室《けんきゅうしつ》に運《はこ》びこんでは、実験《じっけん》をくりかえします。

すると、一九〇二年《ねん》には、鉱石《こうせき》を化学的《かがくてき》に処理《しょり》した結果《けっか》、「ラジウム」を取《と》りだすことに成功《せいこう》しました。実験《じっけん》が終《お》わった二人《ふたり》の研究室《けんきゅうしつ》では、ラジウムの放《はな》つ青白《あおじろ》い光《ひかり》が、ぼうっと輝《かがや》いていました。

「やった！　ついに取《と》りだすことができた！」

マリーとピエールは、このふしぎな光《ひかり》の正体《しょうたい》を「放射線《ほうしゃせん》」と名《な》づけ、放射線《ほうしゃせん》を出《だ》す性質《せいしつ》を「放射能《ほうしゃのう》」と名《な》づけました。

この功績《こうせき》が認《みと》められ、一九〇三年《ねん》、二人《ふたり》は第三回《だいかい》ノーベル物理学賞《ぶつりがくしょう》を受賞《じゅしょう》しました。共《きょう》同受賞《どうじゅしょう》したのは、放射線《ほうしゃせん》を発見《はっけん》したアンリ・ベクレルです。

二《ふた》つ目《め》のノーベル賞《しょう》

その後《ご》、次女《じじょ》のエーブが生《う》まれても、二人《ふたり》の研究《けんきゅう》は続《つづ》けられました。

しかし、一九〇六年《ねん》、悲《かな》しい事故《じこ》が起《お》きました。

ピエールが、走《はし》ってきた荷馬車《にばしゃ》の下敷《したじ》きになり、亡《な》くなってしまったのです。

「ピエール！　どうしてこんなことに！」

その日《ひ》マリーは、ピエールから、いっしょに研究室《けんきゅうしつ》に行《い》こうと声《こえ》をかけられていましたが、用事《ようじ》があって断《ことわ》っていました。

ピエールは、研究室《けんきゅうしつ》から昼食《ちゅうしょく》に出《で》た帰《かえ》りに、事故《じこ》にあったのでした。

……どうしてあのとき、いっしょに行《い》かなかったんだろう。なぜそっけない言葉《ことば》で断《ことわ》ってしまったんだろう。

マリーはつらい思《おも》いを日記《にっき》に書《か》き残《のこ》しましたが、けっしてまわりの人《ひと》には、それを見《み》せず、亡《な》くなった夫《おっと》の大学《だいがく》の授業《じゅぎょう》を引《ひ》き継《つ》ぎました。

女性《じょせい》がソルボンヌ大学《だいがく》で講義《こうぎ》をしたのは、これが初《はじ》めてです。マリーは、ピエールが前《ぜん》回講義《かいこうぎ》をした箇所《かしょ》から、落《お》ちついて静《しず》かに語《かた》りはじめました。

その後《ご》マリーは、女性《じょせい》で初《はじ》めてのソルボンヌ大学《だいがく》の教授《きょうじゅ》になりました。

ラジウムの研究《けんきゅう》を続《つづ》け、一九一一年《ねん》には、今度《こんど》は一人《ひとり》でノーベル化学賞《かがくしょう》を受賞《じゅしょう》しました。

ノーベル賞《しょう》を個人《こじん》で二回《かい》も受賞《じゅしょう》した人《ひと》は、約《やく》百年後《ねんご》の今《いま》（二〇一六年《ねん》まで）でも四人《にん》しかいません。すばらしい快挙《かいきょ》でした。

第一次世界大戦《だいいちじせかいたいせん》のときは、戦争《せんそう》でケガを負《お》った人《ひと》たちのために働《はたら》きました。ドイツのヴィルヘルム・レントゲンによってX線《エックスせん》が発見《はっけん》され、レントゲンの装置《そうち》が開発《かいはつ》されていたにもかかわらず、フランスにはまだほとんどなかったからです。

X線《エックスせん》はマリーの専門分野《せんもんぶんや》ではありませんでしたが、大学《だいがく》でX線《エックスせん》について講義《こうぎ》したこともありました。そこで自分《じぶん》の知識《ちしき》を活《い》かし、レントゲンの装置《そうち》を組《く》み立《た》て、自動車《じどうしゃ》に積《つ》んで病院《びょういん》を回《まわ》ったのです。体《からだ》の内部《ないぶ》を写《うつ》すレントゲンさえあれば、鉄砲《てっぽう》で撃《う》たれた弾《たま》が体《からだ》のどこにあるかすぐにわかります。

こうしてマリーは、生涯《しょうがい》を放射能《ほうしゃのう》の研究《けんきゅう》と実用《じつよう》にささげました。

しかし一九三二年《ねん》、手《て》を骨折《こっせつ》すると、なぜかなかなか治《なお》りませんでした。頭痛《ずつう》や耳鳴《みみな》りなどが続《つづ》き、とうとうねこんでしまいました。

マリーの体《からだ》は、長《なが》い間放射線《あいだほうしゃせん》にさらされたせいで、白血病《はっけつびょう》にむしばまれていたのです。

当時《とうじ》はまだ、放射線《ほうしゃせん》が体《からだ》に与《あた》える悪《わる》い影響《えいきょう》が知《し》られていませんでした。

未知《みち》の物《もの》を研究《けんきゅう》する際《さい》にはいろいろな危険《きけん》がつきまといますが、これは科学者《かがくしゃ》の宿命《しゅくめい》といえるものかもしれません。

このためマリーは一九三四年《ねん》、おしくも六十六歳《さい》でこの世《よ》を去《さ》りました。

ノーベル賞一家《しょういっか》

マリーの長女《ちょうじょ》イレーヌは、マリーと同《おな》じく学者《がくしゃ》となり、マリーが亡《な》くなった翌年《よくとし》、夫《おっと》と共《とも》にノーベル化学賞《かがくしょう》を受賞《じゅしょう》しました。

次女《じじょ》のエーブの夫《おっと》は、ユニセフ（国際児童基金《こくさいじどうききん》）の事務局長《じむきょくちょう》となり、一九六五年《ねん》にノーベル平和賞《へいわしょう》を受賞《じゅしょう》しています。

まさにマリーの家族《かぞく》は、ノーベル賞一家《しょういっか》だということができます。

つねに固《かた》い意志《いし》を持《も》って研究《けんきゅう》に打《う》ちこんだマリー・キュリーの生《い》き方《かた》は、家族《かぞく》にも大《おお》きな影響《えいきょう》を与《あた》えたのにちがいありません。

核廃絶《かくはいぜつ》、戦争反対《せんそうはんたい》をうったえた天才科学者《てんさいかがくしゃ》

アルベルト・アインシュタイン

1879年《ねん》3月《がつ》14日《か》〜1955年《ねん》4月《がつ》18日《にち》

1921年《ねん》　ノーベル物理学賞《ぶつりがくしょう》

アルベルト・アインシュタインは、
「相対性理論《そうたいせいりろん》」という物理学《ぶつりがく》の理論《りろん》を唱《とな》えた天才科学者《てんさいかがくしゃ》です。

方《ほう》位《い》磁《じ》石《しゃく》に興《きょう》味《み》を持《も》って

アルベルト・アインシュタインは、一八七九年《ねん》、ドイツで生《う》まれました。お父《とう》さんは、弟《おとうと》のヤコブと共同《きょうどう》で電気《でんき》工場《こうじょう》を営《いとな》んでいました。お母《かあ》さんは、ピアノが趣《しゅ》味《み》で音楽《おんがく》好《ず》きな人《ひと》でした。

小《ちい》さいころのアルベルトは、なかなか言葉《ことば》をしゃべりませんでした。話《はな》しはじめても、同《おな》じ言葉《ことば》を何度《なんど》もつぶやくくせがありました。

いつも家《いえ》の中《なか》でおとなしくしていて、まわりからは、ぼーっとしているようにも見《み》えました。両親《りょうしん》は、とても心配《しんぱい》しました。

「この子《こ》はだいじょうぶかしら、ほかの子《こ》と比《くら》べると、ずいぶん変《か》わっているわ」

五歳《さい》のある日《ひ》、お父《とう》さんが、アルベルトに方位《ほうい》磁石《じしゃく》を見《み》せました。

すると、とつぜんいろいろな質問《しつもん》をはじめたのです。

「どうしてこの針《はり》は、どんなに磁石《じしゃく》を動《うご》かしても、最後《さいご》には北《きた》の方向《ほうこう》を指《さ》すの？」

「磁石《じしゃく》って、どういう性質《せいしつ》を持《も》っているの？」

アルベルトは、科学《かがく》の不思議《ふしぎ》な現象《げんしょう》に、このころから深《ふか》い興味《きょうみ》を持《も》つようになっていたのでした。

やがて、学校《がっこう》に入学《にゅうがく》する年《とし》になりました。

けれどもアルベルトは、小学校《しょうがっこう》に通《かよ》いはじめるなり、こういいました。

「学校《がっこう》なんかきらいだ！　まるで軍隊《ぐんたい》みたいなんだもん！」

そのころのドイツの学校《がっこう》は、規則《きそく》がきびしく、生徒《せいと》が先生《せんせい》に自由《じゆう》に質問《しつもん》することさえ、なかなか許《ゆる》されないような雰囲気《ふんいき》でした。

「あーあ、学校《がっこう》に行《い》ってもつまらない。知《し》りたいことがたくさんあるのに！」

「では、おじさんが教《おし》えてあげよう」

ヤコブおじさんは、退屈《たいくつ》そうにしているアルベルトに、「代数《だいすう》」や「幾何《きか》」という今《いま》の日本《にほん》の中学生《ちゅうがくせい》以上《いじょう》が勉強《べんきょう》するような数学《すうがく》を教《おし》えてくれました。すると、あっという間《ま》に理解《かい》してしまったのです。アルベルトは、それからも、数学《すうがく》が飛《と》びぬけて優秀《ゆうしゅう》でした。

バイオリンも、先生《せんせい》について習《なら》いはじめましたが、やがて通《かよ》うのをやめてしまいました。

「先生《せんせい》がいばっていてこわいんだもの。だったら自分《じぶん》一人《ひとり》で練習《れんしゅう》した方《ほう》がいいよ」

独学《どくがく》でバイオリンを弾《ひ》くうち、いつの間《ま》にかむずかしい曲《きょく》も弾《ひ》きこなせるようになってしまいました。

　こうして、音楽《おんがく》はアルベルトの一生《いっしょう》の友《とも》となりました。

　とりわけ愛《あい》したのがモーツァルトの曲《きょく》でした。

物理《ぶつり》と数学《すうがく》を学《まな》んだ青年時代《せいねんじだい》

　アルベルトが十代《だい》のとき夢中《むちゅう》になったのが、『通俗自然科学大系《つうぞくしぜんかがくたいけい》』という科学《かがく》の全集《ぜんしゅう》でした。光《ひかり》の速《はや》さや、宇宙《うちゅう》、時間《じかん》……自然界《しぜんかい》のあらゆる事象《じしょう》について、自分《じぶん》の知《し》りたいことがみんな書《か》いてありました。

「科学《かがく》っておもしろいな！」

　科学《かがく》の道《みち》を志《こころざ》したアルベルトは、スイスにある名門大学《めいもんだいがく》、チューリッヒ工科大学《こうかだいがく》に進《すす》み、物理《ぶつり》と数学《すうがく》を勉強《べんきょう》しはじめました。

「でも、ここの授業《じゅぎょう》も簡単《かんたん》でつまらないなあ……」

　アルベルトは、学校《がっこう》をさぼっては、後《あと》で友《とも》だちにノートを見《み》せてもらいます。それでも一番《ばん》の成績《せいせき》をとってしまいます。その能力《のうりょく》は、まさに天才的《てんさいてき》でした。

卒業後《そつぎょうご》は、大学《だいがく》の助手《じょしゅ》の仕事《しごと》につきたいと思《おも》いました。ところが、なぜか就職《しゅうしょく》できなかったのです。

そのときアルベルトは、スイスの国籍《こくせき》をとったばかりで、ずっとスイスで暮《く》らしている人《ひと》たちからは、よく思《おも》われていませんでした。しかも、アインシュタイン一家《いっか》はユダヤ人《じん》でした。当時《とうじ》、ヨーロッパのユダヤ人《じん》は、何《なに》かと差別《さべつ》を受《う》けていました。

「困《こま》ったなあ。仕事《しごと》がないと暮《く》らしていけない……」

しかたなく、地方《ちほう》の学校《がっこう》の先生《せんせい》になったり、家庭教師《かていきょうし》をしたりしてお金《かね》を稼《かせ》ぎました。

やがて一九〇二年《ねん》、二十三歳《さい》のとき、やっとスイスのベルンにある特許局《とっきょきょく》に就職《しゅうしょく》することができました。

ようやく安定《あんてい》した収入《しゅうにゅう》が入《はい》ってくるようになったので、大学時代《だいがくじだい》に出会《であ》った、ハンガリー出身《しゅっしん》のミレーバという女性《じょせい》と結婚《けっこん》しました。

物理学《ぶつりがく》の「奇跡《きせき》の年《とし》」

特許局《とっきょきょく》での仕事《しごと》は、特許《とっきょ》をとりたいという発明品《はつめいひん》に、正確《せいかく》な説明文書《せつめいぶんしょ》を書《か》いてあげることでした。しかし、アルベルトはがんばって毎日《まいにち》二、三時間《じかん》でこの仕事《しごと》を終《お》わらせてしまいました。

そして残《のこ》りの時間《じかん》は、大好《だいす》きな物理《ぶつり》の研究《けんきゅう》をしました。同《おな》じ特許局《とっきょきょく》には、大学時代《だいがくじだい》の親友《しんゆう》も働《はたら》いており、二人《ふたり》でよく議論《ぎろん》を戦《たたか》わせました。

一九〇五年《ねん》、アルベルトは「光量子《こうりょうし》の理論《りろん》」「ブラウン運動《うんどう》の理論《りろん》」「特殊相対性理論《とくしゅそうたいせいりろん》」という三《みっ》つの学説《がくせつ》を発表《はっぴょう》しました。

この三大発見《だいはっけん》は、それまでの物理学《ぶつりがく》をぐっと前《まえ》に進《すす》ませるものでした。物理学者《ぶつりがくしゃ》たちは、この年《とし》を「奇跡《きせき》の年《とし》」と呼《よ》んでいます。

「スイスにアインシュタインという天才科学者《てんさいかがくしゃ》がいる！」

アルベルトは世界的《せかいてき》に評価《ひょうか》され、とたんに有名《ゆうめい》になりました。念願《ねんがん》の、チューリッヒ工科大学《こうかだいがく》の助教授《じょきょうじゅ》になることもできました。研究《けんきゅう》が評価《ひょうか》されて有名《ゆうめい》になったとたん、大学側《だいがくがわ》は急《きゅう》に態度《たいど》を変《か》え、職《しょく》を与《あた》えてくれたのでした。

その後《ご》ドイツにもどると、一九一六年《ねん》、とうとう「特殊相対性理論《とくしゅそうたいせいりろん》」をもっと一般的《いっぱんてき》なものに発展《はってん》させた「一般相対性理論《いっぱんそうたいせいりろん》」を完成《かんせい》させました。

相対性理論《そうたいせいりろん》が確《たし》かめられた日《ひ》

「一般相対性理論《いっぱんそうたいせいりろん》」は、大人《おとな》でもなかなか理解《りかい》できない、とてもむずかしい理論《りろん》です。

「アインシュタインは、あまりにもむずかしい説《せつ》を唱《とな》えていて、それが本当《ほんとう》かどうかもよくわからないが、どうやったら彼《かれ》のいっていることが正《ただ》しいと証明《しょうめい》できるんだろう？」

そこで一九一九年《ねん》、この理論《りろん》が本当《ほんとう》かどうか、星《ほし》を観測《かんそく》して確《たし》かめることになりました。

アルベルトは、「太陽《たいよう》の近《ちか》くでは、太陽《たいよう》の重力《じゅうりょく》によって空間《くうかん》が曲《ま》がっているはずだ」と予言《よげん》していました。もしこの説《せつ》が正《ただ》しければ、太陽《たいよう》のまわりの写真《しゃしん》をとると、近《ちか》くを通《とお》った星《ほし》がずれて写《うつ》るはずです。

しかし太陽《たいよう》はとても明《あか》るいため、近《ちか》くの星《ほし》をはっきり撮影《さつえい》するには、太陽《たいよう》が月《つき》にかくれる「皆既日食《かいきにっしょく》」のときしかチャンスがありません。そこで、イギリスの調査隊《ちょうさたい》が、わざわざ皆既日食《かいきにっしょく》が見《み》られる南米《なんべい》のブラジルと西《にし》アフリカのギニアまで出《で》かけていき、写真《しゃしん》を撮《さつ》影《えい》しました。

そして、とうとうその結果《けっか》が、イギリスのロンドンで発表《はっぴょう》されました。

「アインシュタイン博士《はかせ》が予言《よげん》した数値通《すうちどお》り、星《ほし》の位置《いち》はずれていました！『一般相対《いっぱんそうたい》性理論《せいりろん》』は正《ただ》しいと証明《しょうめい》されました！」

重力《じゅうりょく》によって空間《くうかん》が曲《ま》がるという説《せつ》は、実証《じっしょう》されたのです！

アルベルトは一九二二年《ねん》、「理論物理学《りろんぶつりがく》の諸研究《しょけんきゅう》、とくに光電効果《こうでんこうか》の法則《ほうそく》の発見《はっけん》」によって、ノーベル物理学賞《ぶつりがくしょう》を受賞《じゅしょう》しました。

「相対性理論《そうたいせいりろん》」によって受賞《じゅしょう》しなかったのは、この理論《りろん》が本当《ほんとう》に世《よ》の中《なか》の役《やく》に立《た》つのか、選考委員《せんこういいん》にもはっきり評価《ひょうか》できなかったためといわれています。

その賞金《しょうきん》は、すべて元妻《もとつま》のミレーバと二人《ふたり》の息子《むすこ》に贈《おく》りました。残念《ざんねん》ながら、ミレーバとは仲《なか》が悪《わる》くなって離婚《りこん》し、別《べつ》の女性《じょせい》と再婚《さいこん》していたからでした。

ナチスの迫害《はくがい》

世界的《せかいてき》な科学者《かがくしゃ》としての地位《ちい》をゆるぎないものにしたアルベルトでした。

しかし住《す》んでいたドイツでは、一九三三年《ねん》、ヒットラーの率《ひき》いるナチスという政党《せいとう》が政《せい》治《じ》の力《ちから》をにぎってしまいました。

ヒットラーは、ドイツをドイツ人《じん》だけのものにするため、ユダヤ人《じん》を社会《しゃかい》から追《お》いだそうとしはじめました。アルベルトは、とうとう国家《こっか》にさからう者《もの》として指名手配《しめいてはい》されてしまったのです。

わずかな預金《よきん》や、持《も》っていた本《ほん》も取《と》りあげられてしまいました。

「ドイツにいたら危《あぶ》ない！ そのうち逮捕《たいほ》され、殺《ころ》されてしまう！」

アルベルトはアメリカにのがれ、プリンストン高級研究所《こうきゅうけんきゅうじょ》の教授《きょうじゅ》になりました。

同《おな》じようにナチスに追《お》われてきた、ほかのユダヤ人《じん》たちの手助《てだす》けもしました。

ナチスは、大《おお》ぜいのユダヤ人《じん》をつかまえて収容所《しゅうようじょ》におしこめ、ガス室《しつ》に入《い》れて殺《ころ》すようになっていたのです。

「このままナチスを野放《のばな》しにしておいたら、世界《せかい》はたいへんなことになる！」

恐怖《きょうふ》を感《かん》じたアルベルトは、当時《とうじ》のアメリカ大統領《だいとうりょう》ルーズベルトに、注意《ちゅうい》をうながす手《て》紙《がみ》を書《か》きました。

——今《いま》や、「相対性理論《そうたいせいりろん》」に基《もと》づき、ウランを使《つか》った新型爆弾《しんがたばくだん》を開発《かいはつ》することも可能《かのう》になっています。もしドイツがこれを作《つく》ったら、とんでもないことになるでしょう！

この注意《ちゅうい》を受《う》け、アメリカはけっきょく、第二次世界大戦《だいじせかいたいせん》がはじまると、ドイツより先《さき》に新型爆弾《しんがたばくだん》——原子爆弾《げんしばくだん》を作《つく》ってしまいました。

アルベルトの苦悩《くのう》

できあがった原子爆弾《げんしばくだん》は、日本《にほん》の広島《ひろしま》と長崎《ながさき》に投下《とうか》されました。青空《あおぞら》の広《ひろ》がる平和《へいわ》な町《まち》に、閃光《せんこう》が走《はし》り、きのこ雲《ぐも》がわきあがりました。あらゆるものが燃《も》え、爆風《ばくふう》があたりのものすべてを吹《ふ》きとばしました。

何十万人《なんまんにん》という人《ひと》が死《し》んだり、その後何十年《ごなんねん》も放射能《ほうしゃのう》の被害《ひがい》を受《う》けつづけたりしました。

アルベルトは、戦争前《せんそうまえ》に日本《にほん》を訪《おとず》れたことがあり、そのときは日本人《にほんじん》に温《あたた》かく歓迎《かんげい》されていたのです。

「……なんという手紙《てがみ》を書《か》いてしまったんだろう。日本《にほん》の人《ひと》たちに、なんてひどいことをしてしまったんだろう」

アルベルトは、自分《じぶん》が手紙《てがみ》を書《か》いてしまったことをくやみ、頭《あたま》をかきむしりました。

「こんなおそろしい兵器《へいき》が作《つく》られるのだったら、『相対性理論《そうたいせいりろん》』の論文《ろんぶん》なんか発表《はっぴょう》しなければよかった。自分《じぶん》さえいなければ、原子爆弾《げんしばくだん》が落《お》とされることはなかった」

原子爆弾《げんしばくだん》をはじめとした核兵器《かくへいき》は、それまでの兵器《へいき》とは、けたはずれの威力《いりょく》を持《も》っています。

大都市一《だいとしひと》つを、一瞬《いっしゅん》で消滅《しょうめつ》させてしまうこともできます。

人間《にんげん》はついに、あまりにも強力《きょうりょく》すぎる兵器《へいき》を手《て》にしてしまったのです。

アルベルトはその後《ご》、核兵器《かくへいき》をなくすことと、戦争反対《せんそうはんたい》を強《つよ》くうったえました。

アメリカが水素爆弾《すいそばくだん》(原子爆弾《げんしばくだん》より威力《いりょく》が大《おお》きい核兵器《かくへいき》)を開発《かいはつ》すると、イギリスの哲学者《てつがくしゃ》ラッセルと共《とも》に反対《はんたい》しました。

「核兵器《かくへいき》は人類《じんるい》をほろぼします！　戦争《せんそう》はしないでください！　何《なに》かあっても平和的《へいわてき》な方法《ほうほう》で解決《かいけつ》してください！」

この「ラッセル・アインシュタイン宣言《せんげん》」には、日本《にほん》の湯川秀樹《ゆかわひでき》をはじめ、世界《せかい》の有名《ゆうめい》な科学者《かがくしゃ》が署名《しょめい》しました。

アルベルト・アインシュタインは、一九五五年《ねん》四月《がつ》に亡《な》くなりましたが、その三カ月後《げつご》の七月《がつ》、この宣言《せんげん》が世界《せかい》に向《む》けて発表《はっぴょう》されました。

日本人《にほんじん》で初《はじ》めての
ノーベル賞受賞《しょうじゅしょう》

湯川秀樹《ゆかわひでき》

1907年《ねん》1月《がつ》23日《にち》〜1981年《ねん》9月《がつ》8日《か》

1949年《ねん》 ノーベル物理学賞《ぶつりがくしょう》

（写真）京都大学基礎物理学研究所湯川記念館史料室所蔵

湯川秀樹《ゆかわひでき》は、物質《ぶっしつ》を作《つく》っている目《め》に見《み》えないほど
小《ちい》さなつぶ「原子《げんし》」の芯《しん》の中《なか》に「中間子《ちゅうかんし》」があることを発見《はっけん》し、
日本《にほん》で初《はじ》めてノーベル賞《しょう》を受賞《じゅしょう》した科学者《かがくしゃ》です。

イワンちゃんから権兵衛《ごんべえ》へ

湯川秀樹《ゆかわひでき》は、一九〇七年《ねん》に東京《とうきょう》で生《う》まれ、京都《きょうと》で育《そだ》ちました。

お父《とう》さんは地質学者《ちしつがくしゃ》で、京都帝国大学《きょうとていこくだいがく》（現京都大学《げんきょうとだいがく》）の教授《きょうじゅ》をしていました。

とても教育《きょういく》に熱心《ねっしん》な家庭《かてい》で、秀樹《ひでき》は学校《がっこう》に上《あ》がる前《まえ》から、先生《せんせい》について書道《しょどう》を習《なら》いました。おじいさんからは、漢学《かんがく》という、むかしの中国《ちゅうごく》の学問《がくもん》の手《て》ほどきを受《う》けました。

秀樹《ひでき》の小《ちい》さいころのあだ名《な》は「イワン（言《い》わん）ちゃん」でした。

答《こた》えるのがめんどうくさいときには、いつも、

「……言《い》わん」

といって、口《くち》をつぐんでしまう、ちょっとがんこな性格《せいかく》だったからです。

家《いえ》では、机《つくえ》の脚《あし》が、畳《たたみ》の目《め》に沿《そ》ってきちんと置《お》かれていないと気持《きも》ちが落《お》ちつかない、几帳面《きちょうめん》な子《こ》どもでした。

小学校《しょうがっこう》に入《はい》ると、成績《せいせき》は優秀《ゆうしゅう》で、特《とく》に、算術《さんじゅつ》（算数《さんすう》）が大好《だいす》きでした。

「将来《しょうらい》は、数学者《すうがくしゃ》になりたいな！」

秀樹《ひでき》は、そんな夢《ゆめ》を思《おも》い描《えが》いていました。

しかし、あいかわらず人《ひと》づきあいは苦手《にがて》で、自分《じぶん》から積極的《せっきょくてき》に友《とも》だちを作《つく》るタイプではありませんでした。

やがて小学校《しょうがっこう》を卒業《そつぎょう》した秀樹《ひでき》は、中学校《ちゅうがっこう》に進学《しんがく》しました。

当時《とうじ》の中学校《ちゅうがっこう》は、男子《だんし》のみが通《かよ》う五年制《ねんせい》の学校《がっこう》でした。多《おお》くの子《こ》どもが小学校《しょうがっこう》を卒業《そつぎょう》すると、家《いえ》の手伝《てつだ》いをしたり、働《はたら》きに出《で》たりした時代《じだい》だったので、中学校《ちゅうがっこう》には一部《いちぶ》の生徒《せいと》しか進学《しんがく》しません。

秀樹《ひでき》は、ここでも無口《むくち》で目立《めだ》ちませんでした。

そこでついたあだ名《な》が、「権兵衛《ごんべえ》」です。あまりに存在感《そんざいかん》がないため、「ななしの権兵《ごんべ》衛《え》」にちなみ、そんな風《ふう》に呼《よ》ばれてしまったのでした。

物理学《ぶつりがく》の道《みち》へ

秀樹《ひでき》のお父《とう》さんは、こんな息子《むすこ》を心配《しんぱい》し、兄《あに》たちのようにこのまま高等学校《こうとうがっこう》、大学《だいがく》に進《すす》ませるか、それとも専門学校《せんもんがっこう》に行《い》かせて早《はや》く働《はたら》かせた方《ほう》がいいのか、迷《まよ》っていました。

そのころの高等学校《こうとうがっこう》は、大学《だいがく》での勉強《べんきょう》の準備《じゅんび》をするところで、全国《ぜんこく》に十数校《すうこう》しかなく、まさに一《ひと》にぎりのエリートが通《かよ》う学校《がっこう》でした。

お父《とう》さんは、秀樹《ひでき》が通《かよ》っている中学校《ちゅうがっこう》の校長先生《こうちょうせんせい》に相談《そうだん》してみました。

「うちの息子《むすこ》は、いつもぼんやりしていて、何《なに》を考《かんが》えているのかわかりません。卒業《そつぎょう》したら高等学校《こうとうがっこう》に進学《しんがく》させるべきかどうか、悩《なや》んでいるんですが……」

すると、校長先生《こうちょうせんせい》は驚《おどろ》いていいました。

「なにをおっしゃるんです！　秀樹《ひでき》くんに数学《すうがく》を教《おし》えたことがありますが、ものすごくよくできて、まさに天才《てんさい》です。ぜったい大学《だいがく》まで進《すす》ませるべきですね！」

「……え？　天才《てんさい》？」

そんなに秀樹《ひでき》は認《みと》められていたんだ……。

お父《とう》さんは、ほっとしました。

こうして秀樹《ひでき》は、京都《きょうと》の第三高等学校《だいさんこうとうがっこう》に進《すす》むことになりました。

自由《じゆう》な校風《こうふう》でいい学校《がっこう》でしたが、一《ひと》つ残念《ざんねん》なことがありました。

あるとき秀樹《ひでき》は、数学《すうがく》の試験《しけん》で悪《わる》い点《てん》をとってしまったのです。

「おかしい！　全問正解《ぜんもんせいかい》の自信《じしん》があったのに！」

友人《ゆうじん》に相談《そうだん》すると、こういわれました。

「先生《せんせい》が解《と》いた方法《ほうほう》とちがっていたから、たとえ答《こた》えが合《あ》っていても、その問題《もんだい》は０点《てん》だ」

「ええっ？　そんなのおかしいじゃないか」

怒《いか》りがこみあげてきました。問題《もんだい》を解《と》くときどんな方法《ほうほう》を使《つか》うか、あれこれ考《かんが》えるのが楽《たの》しみだったからです。自分《じぶん》の解《と》き方《かた》だけを押《お》しつける先生《せんせい》のやり方《かた》には、とてもがまんできませんでした。

「数学《すうがく》なんか、もうきらいだっ！」

このころ出会《であ》って夢中《むちゅう》になったのが、フリッツ・ライヘという人《ひと》が書《か》いた『量子論《りょうしろん》』という物理《ぶつり》の本《ほん》でした。

「物理《ぶつり》の方《ほう》がおもしろそうだな！　ぼくはいつか、だれも発見《はっけん》できなかった物理《ぶつり》の謎《なぞ》をつきとめよう。そっちの方《ほう》がずっとわくわくする！」

高等学校《こうとうがっこう》を卒業《そつぎょう》した秀樹《ひでき》は、京都帝国大学《きょうとていこくだいがく》に進《すす》み、理論物理学《りろんぶつりがく》を学《まな》びはじめました。

高等学校《こうとうがっこう》・大学《だいがく》の同級生《どうきゅうせい》には、日本人《にほんじん》で二番目《にばんめ》にノーベル物理学賞《ぶつりがくしょう》を受賞《じゅしょう》した朝永振一《ともながしんいち》郎《ろう》がいました。

二人《ふたり》は知《し》りあってから生涯《しょうがい》ずっと親友《しんゆう》であり、ライバルでした。

布団《ふとん》の中《なか》でひらめいた!

大学《だいがく》を卒業《そつぎょう》した秀樹《ひでき》は、大学《だいがく》の副手《ふくしゅ》(助手《じょしゅ》)として、研究《けんきゅう》を続《つづ》けました。

そして二十五歳《さい》のとき、お見合《みあ》いをして結婚《けっこん》しました。

相手《あいて》は、大阪《おおさか》のお医者《いしゃ》さんの娘《むすめ》で、スミといいました。秀樹《ひでき》は、婿養子《むこようし》に入《はい》ったので、それまでの小川秀樹《おがわひでき》から湯川秀樹《ゆかわひでき》と名前《なまえ》を変《か》えました。

結婚式《けっこんしき》の翌日《よくじつ》、スミは秀樹《ひでき》にこうたずねました。

「学者《がくしゃ》の妻《つま》として、何《なに》をしたらいいんでしょう?」

「ぼくを学問《がくもん》に専念《せんねん》させてくれれば、それでいいよ」

「女学校時代《じょがっこうじだい》に、ノーベル賞《しょう》という賞《しょう》の話《はなし》を聞《き》いたことがあります。日本人《にほんじん》も、もらうことができますか?」

「どんな国《くに》の人《ひと》でももらえるよ。ぼくだって、世界《せかい》の物理学者《ぶつりがくしゃ》がわからないようなことを発見《はっけん》する自信《じしん》はある。でも、こんなことをいっていることが世間《せけん》に知《し》れたら、天狗《てんぐ》になっていると思《おも》われるから、二人《ふたり》だけの秘密《ひみつ》にしようね」

秀樹《ひでき》はそういって笑《わら》いましたが、そのころから二人《ふたり》にとって、ノーベル賞受賞《しょうじゅしょう》は、将来《しょうらい》の大《おお》きな夢《ゆめ》になりました。

秀樹《ひでき》が研究《けんきゅう》していたのは、「原子《げんし》」の構造《こうぞう》です。

当時《とうじ》は、物《もの》を形作《かたちづく》っている小《ちい》さなつぶ、原子《げんし》の中心《ちゅうしん》には原子核《げんしかく》があり、原子核《げんしかく》には陽子《ようし》と中性子《ちゅうせいし》という小《ちい》さい粒子《りゅうし》がある、ということまでわかっていました。

秀樹《ひでき》は、その陽子《ようし》と中性子《ちゅうせいし》の間《あいだ》に、どんな力《ちから》が働《はたら》いているのかをさぐっていました。

神経質《しんけいしつ》な性格《せいかく》の秀樹《ひでき》は、うまく研究《けんきゅう》が進《すす》まないと、悩《なや》みすぎて、夜《よる》ねむれなくなることもありました。

「いったい何《なん》の力《ちから》が……。ああっ、この部屋《へや》は落《お》ちつかない！」

といって、スミの両親《りょうしん》と住《す》んでいる広《ひろ》い家《いえ》の中《なか》で、寝室《しんしつ》をしょっちゅう変《か》えました。

しかしある晩《ばん》、とうとうひらめいたのです。

「そうだ！　きっともう一《ひと》つ別《べつ》の、未知《みち》の粒子《りゅうし》が存在《そんざい》し、その力《ちから》が働《はたら》いているのにちがいない！」

秀樹《ひでき》はその粒子《りゅうし》を「中間子《ちゅうかんし》」と名《な》づけました。

奥《おく》さんのスミは、秀樹《ひでき》を、はげましました。

「すごい発見《はっけん》をなさったのですから、早《はや》く論文《ろんぶん》にまとめて世界《せかい》に発表《はっぴょう》してください！」

こうして、一九三四年《ねん》、秀樹《ひでき》は「中間子理論《ちゅうかんしりろん》」を発表《はっぴょう》したのです。

まだ二十七歳《さい》という若《わか》さでした。

ところがこの論文《ろんぶん》は、世界《せかい》からまったく注目《ちゅうもく》されませんでした。

当時《とうじ》の物理学《ぶつりがく》の中心《ちゅうしん》は、マリー・キュリーやアインシュタインがいたヨーロッパやアメリカでした。

秀樹《ひでき》は海外留学《かいがいりゅうがく》をせず、名前《なまえ》も知《し》られていなかったので、だれ一人《ひとり》彼《かれ》の論文《ろんぶん》に目《め》をとめてくれなかったのです。

「……やはり日本人《にほんじん》だと、不利《ふり》なんだろうか。せっかく大事《だいじ》なことを発見《はっけん》したのに」

ところが、とうとう秀樹《ひでき》の理論《りろん》が注目《ちゅうもく》されるようになりました。欧米《おうべい》の科学者《かがくしゃ》たちも、原子《げんし》の中《なか》の未知《みち》の粒子《りゅうし》について、論文《ろんぶん》を書《か》きはじめたからです。

一九三九年《ねん》、秀樹《ひでき》はベルギーで開《ひら》かれる物理学《ぶつりがく》の国際会議《こくさいかいぎ》「ソルヴェー会議《かいぎ》」に招待《しょうたい》されました。そこで、中間子《ちゅうかんし》の存在《そんざい》について、各国《かっこく》の学者《がくしゃ》で議論《ぎろん》をかわそうというのです。

「よかった！　これでやっと世界《せかい》の舞台《ぶたい》に立《た》てる！」

秀樹《ひでき》は、喜《よろこ》びいさんでヨーロッパに出発《しゅっぱつ》しました。ところが、戦争《せんそう》が暗《くら》いかげを落《お》としました。第二次世界大戦《だいにじせかいたいせん》がはじまり、その会議《かいぎ》が中止《ちゅうし》になってしまったのです。

「なんて残念《ざんねん》なことだ……」

それでも秀樹《ひでき》は、せっかく海外《かいがい》に出《で》たついでだからと、その後《ご》アメリカを回《まわ》り、アインシュタインなどの、世界的《せかいてき》に有名《ゆうめい》な物理学者《ぶつりがくしゃ》と親交《しんこう》を深《ふか》めてから、日本《にほん》に帰国《きこく》しました。

日本人初《にほんじんはつ》のノーベル賞《しょう》

秀樹《ひでき》の予言《よげん》した中間子《ちゅうかんし》の存在《そんざい》が、イギリスの物理学者《ぶつりがくしゃ》セシル・パウエルらによって証明《しょうめい》されたのは、戦後《せんご》まもない、一九四七年《ねん》のことです。

秀樹《ひでき》は、すでに四十歳《さい》になっていました。

「ヒデキ・ユカワの理論《りろん》が裏付《うらづ》けられた！」

秀樹《ひでき》の研究《けんきゅう》に疑問《ぎもん》をはさむ者《もの》は、もうだれもいなくなりました。

秀樹《ひでき》は、アメリカのプリンストン高級研究所《こうきゅうけんきゅうじょ》という、かつてアインシュタインも教《おし》えていた研究所《けんきゅうじょ》の客員教授《きゃくいんきょうじゅ》にむかえられました。

その後《ご》は、ニューヨークのコロンビア大学《だいがく》の教授《きょうじゅ》になりました。

そしてとうとう一九四九年《ねん》、日本人《にほんじん》として初《はじ》めてノーベル賞《しょう》を受賞《じゅしょう》したのです！

「日本人初《にほんじんはつ》!!　湯川秀樹博士《ゆかわひできはかせ》が、ノーベル物理学賞《ぶつりがくしょう》！」

街角《まちかど》では新聞《しんぶん》の号外《ごうがい》が配《くば》られ、秀樹《ひでき》の名前《なまえ》は、一夜《いちや》にして日本中《にほんじゅう》に知《し》れわたりました。

「すごい！　アジアでも三人目《にんめ》のノーベル賞《しょう》！　日本《にほん》の科学《かがく》の研究《けんきゅう》が、世界的《せかいてき》に認《みと》められたんだ！」

四年前《ねんまえ》に戦争《せんそう》が終《お》わったばかりの年《とし》のことです。このニュースは、日本《にほん》のみんなを元気《げんき》づけました。

授賞式《じゅしょうしき》に出席《しゅっせき》するため、秀樹《ひでき》が夫人《ふじん》とストックホルムのホテルに着《つ》くと、屋上《おくじょう》には日《ひ》の丸《まる》の旗《はた》がかかげられていました。

「……夢《ゆめ》だったノーベル賞《しょう》を、とうとうもらうことができた！」

夫妻《ふさい》は、しみじみと、喜《よろこ》びをかみしめました。

核兵器《かくへいき》に反対《はんたい》し続《つづ》けて

その後《ご》秀樹《ひでき》は日本《にほん》に帰国《きこく》し、京都大学《きょうとだいがく》で研究《けんきゅう》を続《つづ》けました。

そしてアインシュタインと同《おな》じように、物理学者《ぶつりがくしゃ》の立場《たちば》から、核兵器《かくへいき》には強《つよ》く反対《はんたい》しています。

一九五五年《ねん》には、「世界平和《せかいへいわ》アピール七人委員会《にんいいんかい》」を結成《けっせい》しました。

この委員会《いいんかい》には後《のち》に、同《おな》じくノーベル賞受賞者《しょうじゅしょうしゃ》である朝永振一郎《ともながしんいちろう》や川端康成《かわばたやすなり》も加《くわ》わりました。

一九七五年《ねん》には、秀樹《ひでき》と朝永振一郎《ともながしんいちろう》は、「湯川《ゆかわ》・朝永宣言《ともながせんげん》」を発表《はっぴょう》しました。

「いくつかの大国《たいこく》が核兵器《かくへいき》を持《も》っていれば、これがおどしになり、世界《せかい》の平和《へいわ》が保《たも》たれる」という考《かんが》え方《かた》に、反対《はんたい》しました。

「そんなことで問題《もんだい》は解決《かいけつ》しない！　核兵器《かくへいき》を持《も》つこと自体《じたい》がまちがいなんだ！」

一九八一年《ねん》、核兵器《かくへいき》について話《はな》し合《あ》う第《だい》四回科学者京都会議《かいかがくしゃきょうとかいぎ》でもうったえました。

「核兵器《かくへいき》は、すべてなくすべきです！」

秀樹《ひでき》はそのとき、ガンを患《わずら》ったあとで健康状態《けんこうじょうたい》が悪《わる》く、車椅子《くるまいす》で会議《かいぎ》に出席《しゅっせき》しました。

そしてこの年《とし》、スミたち家族《かぞく》に見守《みまも》られながら、七十四歳《さい》でこの世《よ》を去《さ》りました。

ヨーロッパでの地位《ちい》を捨《す》て
アフリカの人《ひと》びとに尽《つ》くした

アルベルト・シュバイツァー

1875年《ねん》1月《がつ》14日《か》～1965年《ねん》9月《がつ》4日《か》

1952年《ねん》　ノーベル平和賞《へいわしょう》

アルベルト・シュバイツァーは、アフリカにわたり、
多《おお》くの人《ひと》びとの命《いのち》を救《すく》った医師《いし》です。

子《こ》どものころの悲《かな》しい思《おも》い出《で》

アルベルト・シュバイツァーは、一八七五年《ねん》、当時《とうじ》はドイツ領《りょう》だったフランスのアルザス地方《ちほう》で生《う》まれました。お父《とう》さんは教会《きょうかい》の牧師《ぼくし》をしていて、お母《かあ》さんも牧師《ぼくし》の娘《むすめ》であり、一家《いっか》は熱心《ねっしん》なクリスチャンでした。

アルベルトは幼《おさな》いころから、人間《にんげん》だけでなく、鳥《とり》や動物《どうぶつ》がいじめられているのを見《み》てもつらい気持《きも》ちになる、やさしい少年《しょうねん》でした。

夜《よる》ベッドに入《はい》ると、人間《にんげん》のためだけでなく、動物《どうぶつ》たちのためにも祈《いの》りました。

「愛《あい》する神《かみ》よ！　すべての生《い》きものを守《まも》り恵《めぐ》みたまえ。彼《かれ》らをすべて悪《あく》より守《まも》り、安《やす》らかに眠《ねむ》らせたまえ」

自分《じぶん》の家《いえ》が、友《とも》だちの家《いえ》より恵《めぐ》まれていることも、いつも気《き》にしていました。

小学校《しょうがっこう》に通《かよ》っていたある日《ひ》、アルベルトは、男《おとこ》の子《こ》の友《とも》だちと組《く》み合《あ》って、力比《ちからくら》べをしました。

「えいっ。どうだっ！」

友《とも》だちをうまく投《な》げとばすことができました。

しかし転《ころ》がされた相手《あいて》は、アルベルトをにらみつけながら、こういったのです。

「ぼくだっておまえみたいに、週《しゅう》に二回《かい》、肉《にく》の入《はい》ったスープを飲《の》めたら、負《ま》けなかったのに！」

アルベルトは、この言葉《ことば》にショックを受《う》けました。

牧師《ぼくし》であるお父《とう》さんは、社会的《しゃかいてき》な地位《ちい》が高《たか》く、立派《りっぱ》な人《ひと》として人《ひと》びとから尊敬《そんけい》されていました。貧《まず》しい人《ひと》に比《くら》べれば、収入《しゅうにゅう》がそれなりにありました。

「我《わ》が家《や》は、恵《めぐ》まれていたんだ。はずかしい。そんなことにも気《き》づかず、いい気《き》になっていたなんて……」

アルベルトはそれ以来《いらい》、肉《にく》の入《はい》ったスープを見《み》るたび、この友《とも》だちのことを思《おも》い出《だ》し、気分《きぶん》がしずむようになりました。

夏《なつ》の朝《あさ》の決心《けっしん》

やがてアルベルトは、大《おお》おじさんの家《いえ》に下宿《げしゅく》して、ギムナジウムという、日本《にほん》の中学高《ちゅうがくこう》校《こう》に当《あ》たる学校《がっこう》に入学《にゅうがく》しました。

大《おお》おじさんは小学校《しょうがっこう》の校長先生《こうちょうせんせい》をしていました。大《おお》おばさんもきびしい人《ひと》でした。

アルベルトは、幼《おさな》いときからピアノを習《なら》い、音楽《おんがく》の才能《さいのう》を発揮《はっき》していましたが、この家《いえ》では、学校《がっこう》に行《い》く前《まえ》は必《かなら》ずピアノの練習《れんしゅう》をするようにと決《き》められました。

夕食《ゆうしょく》の前後《ぜんご》は、読書《どくしょ》をしなくてはなりません。自由時間《じゆうじかん》は、日曜《にちよう》の午後《ごご》しかありません。

成績《せいせき》はあまりふるわず、親《おや》が呼《よ》びだされたこともありました。

ところがあるとき、ヴェーマン先生《せんせい》という先生《せんせい》に出会《であ》ったとたん、気持《きも》ちが変《か》わりました。

その先生《せんせい》は、とても熱心《ねっしん》に授業《じゅぎょう》をし、自習《じしゅう》ノートをていねいに見《み》てくれたからです。

「ぼくも、先生《せんせい》を見習《みなら》って、きちんと勉強《べんきょう》に取《と》り組《く》もう！」

すると、三カ月後《げつご》には、もう優等生《ゆうとうせい》の一員《いちいん》になっていました。

ギムナジウムを卒業後《そつぎょうご》、ストラスブール大学《だいがく》に進学《しんがく》しました。

すると、アルベルトはこう宣言《せんげん》して、まわりの人《ひと》を驚《おどろ》かせました。

「ぼくは大学《だいがく》で、神学《しんがく》と哲学《てつがく》を同時《どうじ》に勉強《べんきょう》します！」

体力《たいりょく》があったアルベルトは、一《ひと》つのことだけやるより、余裕《よゆう》があればいくつものことに挑戦《ちょうせん》したいと考《かんが》えていました。

大学《だいがく》の寄宿舎《きしゅくしゃ》に入《はい》り「神学《しんがく》」というキリスト教《きょう》を学《まな》ぶ勉強《べんきょう》をしながら、哲学《てつがく》の授業《じゅぎょう》にも出席《しゅっせき》しました。

いそがしいけれど、充実《じゅうじつ》した学生生活《がくせいせいかつ》を送《おく》っていた、二十一歳《さい》の夏《なつ》のことです。

久《ひさ》しぶりに実家《じっか》に帰《かえ》ったアルベルトは、その朝《あさ》、小鳥《ことり》のさえずりで目《め》を覚《さ》ましました。なんとも幸《しあわ》せな気分《きぶん》でした。ところがそこで、はっとしたのです。

「ほかの人《ひと》たちのために生《い》きなさい」という聖書《せいしょ》の教《おし》えを、思《おも》い出《だ》したのでした。

「自分《じぶん》だけ、こんなに幸《しあわ》せでいいんだろうか。世《よ》の中《なか》には、もっと苦《くる》しんだり悩《なや》んだりしている人《ひと》もいるのに。これからの人生《じんせい》、いったいどうやって生《い》きていこう……」

そしてこう決心《けっしん》したのです。

「三十歳《さい》までは学問《がくもん》と芸術《げいじゅつ》のために、その後《あと》は、困《こま》っているほかの人《ひと》びとのために生《い》きよう！」

大学《だいがく》の医学部《いがくぶ》に入《はい》りなおして

大学《だいがく》で勉強《べんきょう》し、神学博士《しんがくはくし》、哲学博士《てつがくはくし》になったアルベルトは、牧師《ぼくし》になる試験《しけん》にも合格《ごうかく》しました。神学校《しんがっこう》の寄宿舎《きしゅくしゃ》の寮長《りょうちょう》を務《つと》め、牧師《ぼくし》として、大学《だいがく》の先生《せんせい》として、働《はたら》きました。同時《どうじ》に、世界的《せかいてき》に有名《ゆうめい》なパイプオルガニストとして、バッハの研究者《けんきゅうしゃ》としても認《みと》められていきました。

何年《なんねん》も過《す》ぎたある日《ひ》のことです。アルベルトは、ある冊子《さっし》に目《め》を留《と》めました。その冊子《さっし》には、パリ宣教師協会《せんきょうしきょうかい》の報告文《ほうこくぶん》がのっていて、アフリカのコンゴという国《くに》でキリスト教《きょう》の布教活動《ふきょうかつどう》を行《おこな》っている宣教師《せんきょうし》のうったえが書《か》かれていました。

――アフリカの人《ひと》が一番欲《いちばんほっ》しているのは、薬《くすり》と医者《いしゃ》です。募金《ぼきん》が集《あつ》まれば薬《くすり》を届《とど》けることはできますが、それを手渡《てわた》す医者《いしゃ》がいません。この文章《ぶんしょう》を読《よ》んで心《こころ》を動《うご》かされた人《ひと》は、ぜひわたしたちの仕事《しごと》に飛《と》びこんできてください！

当時《とうじ》のアフリカは、衛生状態《えいせいじょうたい》が悪《わる》かったため、病気《びょうき》に苦《くる》しんでいる人《ひと》がたくさんいました。

「困《こま》っている人《ひと》たちが、アフリカにいる……？」

あの夏《なつ》の朝《あさ》の決心《けっしん》が、よみがえりました。アルベルトは、まさに三十歳《さい》になろうとしていたところでした。

「助《たす》けに行《い》ってあげたい。だけどぼくは、医者《いしゃ》ではない。……いったいどうしたら？」

そして、こう決心《けっしん》したのです。

「これから大学《だいがく》の医学部《いがくぶ》に入《はい》りなおして医者《いしゃ》の資格《しかく》をとろう！　そしてアフリカの人《ひと》たちのために働《はたら》くんだ！」

家族《かぞく》も知《し》り合《あ》いも、これにはみんな大反対《だいはんたい》です。

「そんなことをしたら、学者《がくしゃ》や牧師《ぼくし》としてせっかく築《きず》いた地位《ちい》が台無《だいな》しじゃないか。だいたい、医学部《いがくぶ》を卒業《そつぎょう》するには、七年《ねん》もかかるんだよ！」

さすがのアルベルトも、長《なが》い間《あいだ》悩《なや》みましたが、結論《けつろん》は同《おな》じでした。

「……それでも、やっぱりぼくはアフリカに行《い》きます！」

こうして、ストラスブール大学《だいがく》の医学部《いがくぶ》に入学《にゅうがく》しなおしました。

若《わか》い学生《がくせい》に交《ま》じって医学《いがく》を学《まな》び、七年《ねん》かかって、やっと念願《ねんがん》の医学博士《いがくはくし》になったのです。

「さあ、いよいよアフリカに行《い》くぞ！」

資金《しきん》を集《あつ》めるために、各地《かくち》で講演会《こうえんかい》や演奏会《えんそうかい》を開《ひら》きました。

そして一九一三年《ねん》、三十八歳《さい》のとき、アフリカのガボンに向《む》けて出発《しゅっぱつ》しました。

前《まえ》の年《とし》、ヘレーネという、アルベルトを心《こころ》から理解《りかい》してくれる女性《じょせい》と結婚《けっこん》していました。

ヘレーネは、看護師《かんごし》の資格《しかく》を持《も》っていて、その後《ご》のアルベルトをずっと支《ささ》えました。

アフリカのガボンへ

フランスの港《みなと》から約二十日《やくはつか》かかって、ガボンのランバレネに着《つ》きました。ランバレネは、海《うみ》から川《かわ》を船《ふね》で何日《なんにち》もさかのぼったところにある、ジャングルの奥地《おくち》でした。

黄色《きいろ》い川《かわ》の水辺《みずべ》には、つるくさのからまった木《き》がびっしりとはえています。

赤道直下《せきどうちょっか》で日《ひ》ざしが強《つよ》く、じめじめと湿度《しつど》も高《たか》い、きびしい環境《かんきょう》でした。

「お医者《いしゃ》さんが、やってきたぞ！」

荷物《にもつ》をほどく間《ま》もなく、アルベルトのもとには、大《おお》ぜいの人《ひと》たちがつめかけました。

「先生《せんせい》、早《はや》く病気《びょうき》を治《なお》してください！」

人《ひと》びとは、伝染病《でんせんびょう》にかかったり、寄生虫《きせいちゅう》にむしばまれていたりしました。

フランス語《ご》ができる現地《げんち》の人《ひと》に通訳《つうやく》をしてもらい、さっそく診察《しんさつ》をはじめました。

それまでランバレネでは、病気《びょうき》やケガをすると、命《いのち》を落《お》とす人《ひと》がたくさんいました。

祈祷師《きとうし》が祈《いの》りをささげるだけだったり、民《みん》間療法《かんりょうほう》でまちがった治《なお》し方《かた》をしたり……。アルベルトが学《まな》んだ西洋医学《せいよういがく》によって、多《おお》くの人《ひと》が助《たす》かりました。

しかし最初《さいしょ》は、病院《びょういん》の建物《たてもの》さえありませんでした。そこでにわとり小屋《ごや》を病院《びょういん》にし、その後《ご》、少《すこ》しずつ病院《びょういん》の建物《たてもの》を現地《げんち》の人《ひと》たちといっしょに作《つく》っていきました。

けれども翌年《よくとし》、第《だい》一次《じ》世界大戦《せかいたいせん》がはじまると、ガボンはフランスの領土《りょうど》だったため、敵《てき》対《たい》しているドイツ人《じん》だったアルベルトは、自《じ》宅《たく》から出《で》ることを禁止《きんし》されてしまいました。診察《しんさつ》もしてはいけないといわれてしまいました。

「でも、病気《びょうき》で困《こま》っている人《ひと》たちがいるんです！」

三カ月《げつ》たって、やっと病院《びょういん》をまた開《ひら》くことができました。

ところが一九一五年《ねん》、奥《おく》さんのヘレーネが体調《たいちょう》をくずし、たおれてしまいました。看護師《かんごし》として、毎日《まいにち》、目《め》の回《まわ》るようないそがしさだったからです。

アルベルトは、海辺《うみべ》の町《まち》にヘレーネを連《つ》れていき、しばらく休《やす》ませました。

そしてその地《ち》で、カバの群《む》れがゆうゆうと川《かわ》を渡《わた》っているのを見《み》たアルベルトは、ある言葉《ことば》を考《かんが》えつきました。

「生命《せいめい》への畏敬《いけい》（おそれ敬《うやま》うこと）」です。

「生《い》きているものはみな、なんてすばらしいんだろう。ぼくたちは、いつもその生命《せいめい》を尊《そん》敬《けい》しながら、生《い》きていくべきではないだろうか」

アルベルトは、それ以来《いらい》、この言葉《ことば》を自分《じぶん》の考《かんが》えの基本《きほん》にすえました。命《いのち》を大切《たいせつ》にしなくてはと、診療《しんりょう》の邪魔《じゃま》になる虫《むし》でさえ、むやみに殺《ころ》すことをきらいました。

けれどもその後《ご》、夫妻《ふさい》はまたフランスの捕虜《ほりょ》になり、今度《こんど》は捕《と》らえられ、フランス本国《ほんごく》の収容所《しゅうようじょ》に送《おく》られてしまいました。そして、一年近《ねんちか》くもつらい日々《ひび》を過《す》ごしたのです。

第《だい》一次世界大戦《じせかいたいせん》が終《お》わると、夫妻《ふさい》はやっと解放《かいほう》されました。一九一九年《ねん》には、一人娘《ひとりむすめ》のレナが生《う》まれています。

アフリカの人《ひと》びとに尽《つ》くしつづけて

アルベルトは一九二〇年《ねん》、アフリカでの日々《ひび》をつづった『水《みず》と原生林《げんせいりん》のはざまで』（岩波文庫《いわなみぶんこ》）という本《ほん》を出版《しゅっぱん》し、その活動《かつどう》が、広《ひろ》く世《よ》の中《なか》に知《し》られました。再《ふたた》び講演会《こうえんかい》などを行《おこな》って募金《ぼきん》を集《あつ》め、一九二四年《ねん》アフリカに戻《もど》って活動《かつどう》を再開《さいかい》しました。

「先生《せんせい》！　わたしにも手伝《てつだ》わせてください！」

ランバレネの病院《びょういん》には、世界各国《せかいかっこく》から協力《きょうりょく》してくれる医者《いしゃ》や看護師《かんごし》がやってきました。

こうして病院《びょういん》は、だんだん規模《きぼ》が大《おお》きくなっていきます。

一方《いっぽう》でアルベルトは、資金集《しきんあつ》めのため、ときどき助手《じょしゅ》たちに病院《びょういん》を任《まか》せ、ヨーロッパで講演《こうえん》などをして回《まわ》りました。

一九三九年《ねん》、第《だい》二次世界大戦《じせかいたいせん》がはじまることを予見《よけん》したアルベルトは、ヨーロッパで病院《びょういん》に必要《ひつよう》なものをまとめて買《か》いこむとランバレネにこもり、それから戦争《せんそう》が終《お》わるまで一《いち》度《ど》も故郷《こきょう》にもどらず、病院《びょういん》を続《つづ》けました。

それでも戦争中《せんそうちゅう》は、日用品《にちようひん》や薬《くすり》が不足《ふそく》し、たいへん苦労《くろう》しました。

一九四五年《ねん》、やっと戦争《せんそう》が終《お》わります。

一九五二年《ねん》、それまでアフリカの人《ひと》びとに献身的《けんしんてき》に尽《つ》くした活動《かつどう》が認《みと》められ、アルベルト・シュバイツァーは、ノーベル平和賞《へいわしょう》を受賞《じゅしょう》しました。その賞金《しょうきん》は、病院《びょういん》にハンセン病《びょう》患者《かんじゃ》のための建物《たてもの》を建《た》てるために使《つか》いました。

こうして最後《さいご》までアフリカでの活動《かつどう》を続《つづ》け、アルベルトは一九六五年《ねん》、ランバレネで静《しず》かに息《いき》を引《ひ》きとりました。九十歳《さい》でした。

日本《にほん》で初《はじ》めての
文学賞受賞《ぶんがくしょうじゅしょう》

川端康成《かわばたやすなり》

1899年《ねん》6月《がつ》14日《か》～1972年《ねん》4月《がつ》16日《にち》

1968年《ねん》　ノーベル文学賞《ぶんがくしょう》

川端康成《かわばたやすなり》は、日本《にほん》で初《はじ》めてノーベル文学賞《ぶんがくしょう》を受賞《じゅしょう》した作家《さっか》です。

不幸《ふこう》が続《つづ》いた子《こ》ども時代《じだい》

川端康成《かわばたやすなり》は、一八九九年《ねん》、大阪市《おおさかし》で生《う》まれました。お父《とう》さんは医者《いしゃ》でしたが、一歳《さい》のとき亡《な》くなり、続《つづ》いて二歳《さい》のとき、お母《かあ》さんも亡《な》くなりました。

康成《やすなり》は、おじいさんの家《いえ》に引《ひ》きとられ、お姉《ねえ》さんは別《べつ》の親戚《しんせき》の家《いえ》に引《ひ》きとられました。

祖父母《そふぼ》は、体《からだ》の弱《よわ》い康成《やすなり》を、大切《たいせつ》に育《そだ》てました。

ところが、小学校《しょうがっこう》に入学《にゅうがく》した年《とし》、おばあさんも亡《な》くなってしまい、康成《やすなり》は目《め》の悪《わる》いおじいさんと二人《ふたり》で暮《く》らしはじめました。

「……どうしてぼくだけ、こんなにさみしい思《おも》いをしなくちゃならないんだろう」

康成《やすなり》は、引《ひ》きこもりがちで、内気《うちき》な子《こ》どもでした。

学校《がっこう》に入学《にゅうがく》したときは、人《ひと》がたくさんいることにおびえ、泣《な》きだしてしまったほどです。

「いっしょに学校《がっこう》に行《い》こう！」

友《とも》だちが朝《あさ》さそいにきても、雨戸《あまど》を閉《し》めてとじこもってしまうこともありました。

「なんだよ。せっかくさそってるのに！」

友《とも》だちは、雨戸《あまど》に石《いし》をぶつけて行《い》ってしまうのでした。

病気《びょうき》のためよく学校《がっこう》を休《やす》みましたが、たまに登校《とうこう》しても、授業《じゅぎょう》がつまらなくてしかたありません。

小学校《しょうがっこう》に入《はい》るまでに、かんたんな読《よ》み書《か》きはもうできるようになっていたからです。康《やす》成《なり》は成績《せいせき》もよく、特《とく》に作文《さくぶん》が得意《とくい》でした。

将来《しょうらい》の夢《ゆめ》

小学生《しょうがくせい》のころの康成《やすなり》は、一人《ひとり》でよく、見晴《みは》らしのよい山《やま》にのぼっては、長《なが》い間《あいだ》景色《けしき》をながめました。

朝早《あさはや》く起《お》き出《だ》して、その山《やま》に、日《ひ》の出《で》を見《み》にいったこともありました。太陽《たいよう》の光《ひかり》をあび、松《まつ》の木《こ》の葉《は》や幹《みき》がだんだん明《あか》るくなってくるのを、じっとながめていました。

子《こ》どものころに見《み》た、日本《にほん》の野山《のやま》の美《うつく》しい風景《ふうけい》は、康成《やすなり》に大《おお》きな影響《えいきょう》を与《あた》えました。

感性《かんせい》が豊《ゆた》かだった康成《やすなり》は、絵《え》を描《か》くことも好《す》きでした。

「大《おお》きくなったら、画家《がか》になろうかな？」

しかし、小学校《しょうがっこう》の高学年《こうがくねん》のころから読書《どくしょ》に夢中《むちゅう》になりました。

日向《ひなた》にねころがったり、庭《にわ》の木《き》にのぼって枝《えだ》にもたれたりして、本《ほん》を読《よ》みます。学校《がっこう》の図書室《としょしつ》の本《ほん》は、ぜんぶ読《よ》みつくしてしまったほどだったのです。体《からだ》の弱《よわ》かった康成《やすなり》でしたが、しだいに体力《たいりょく》もつき、学校《がっこう》を一日《にち》も休《やす》まなくなりました。一番《ばん》の成績《せいせき》で、当時《とうじ》は五年制《ねんせい》だった中学校《ちゅうがっこう》に進学《しんがく》します。

毎日《まいにち》六キロの道《みち》のりを、絣《かすり》の着物《きもの》に、縞《しま》の袴《はかま》をはいて、下駄履《げたば》きで通《かよ》いました。

中学時代《ちゅうがくじだい》には、本屋《ほんや》さんに来《く》るめぼしい本《ほん》を片《かた》っ端《ぱし》から買《か》って読《よ》みました。与謝野晶子《よさのあきこ》、島崎藤村《しまざきとうそん》、夏目漱石《なつめそうせき》、『源氏物語《げんじものがたり》』や『枕草子《まくらのそうし》』などの古典《こてん》、外国文学《がいこくぶんがく》に親《した》しみました。あんまり本《ほん》を買《か》うおかげで、おじいさんは、借金《しゃっきん》をしてしまったほどです。

文芸雑誌《ぶんげいざっし》を読《よ》みあさり、作文《さくぶん》のほかに、詩《し》や短歌《たんか》、俳句《はいく》もやってみました。

「大《おお》きくなったら小説家《しょうせつか》になりたい！」

とおじいさんに話《はな》すと、「それもよかろう」と許《ゆる》してくれました。

自分《じぶん》の書《か》いたものをまとめ「谷堂集《こくどうしゅう》」と題《だい》をつけました。

亡《な》くなったお父《とう》さんも、漢詩《かんし》を作《つく》ったり絵《え》を描《か》いたりしていましたが、そのとき使《つか》った名前《なまえ》が「谷堂《こくどう》」だったからです。

康成《やすなり》は、写真《しゃしん》だけでしか知《し》らない父《ちち》を、やはり恋《こい》しがっていたのかもしれません。

おじいさんとの別《わか》れ

ところが、康成《やすなり》を、さらに不幸《ふこう》が襲《おそ》いました。十歳《さい》のときに、別《わか》れ別《わか》れに暮《く》らしていたお姉《ねえ》さんも亡《な》くなっていました。

そのうえ、おじいさんまでだんだん体《からだ》が弱《よわ》り、とうとう寝《ね》たきりになってしまいました。白内障《はくないしょう》にかかって目《め》も見《み》えず、耳《みみ》も遠《とお》いのです。

学校《がっこう》から帰《かえ》ってきて「ただいま」といっても、返事《へんじ》がありません。

康成《やすなり》は、さみしく、やるせない気持《きも》ちになりました。

おじいさんには、だんだん認知症《にんちしょう》の症状《しょうじょう》も出《で》てきました。夕方《ゆうがた》なのに、「学校《がっこう》に行《い》かなくていいのか」などといわれるようになりました。

寝《ね》たきりになったおじいさんは、ねがえりを打《う》つこともできなくなってしまいました。

「西《にし》を向《む》かしてくれえ！」

頼《たの》まれると、体《からだ》の向《む》きを変《か》えてあげます。トイレをすます手伝《てつだ》いなど、夜中《よなか》も必死《ひっし》に介《かい》護《ご》しました。本当《ほんとう》はいやでしたが、ほかにやってくれる人《ひと》はいません。

「……おじいさん。どうか死《し》なないでくれ！　たった一人《ひとり》の身内《みうち》なんだから！」

康成《やすなり》は、毎日《まいにち》、おじいさんの介護《かいご》の様子《ようす》を日記《にっき》に記録《きろく》していました。この日記《にっき》は十年後《ねんご》に発見《はっけん》され、「十六歳《さい》の日記《にっき》」として出版《しゅっぱん》されています。

そのおじいさんも、とうとうこの世《よ》を去《さ》ってしまいました。

「……これで、ぼくは本当《ほんとう》の一人《ひとり》ぼっちになってしまった。なんてこの世《よ》は無常《むじょう》なんだろう。悲《かな》しいんだろう！」

その後康成《ごやすなり》は、お母《かあ》さんの実家《じっか》の世話《せわ》になり、しばらくそこから汽車《きしゃ》で学校《がっこう》に通《かよ》いましたが、やがては中学校《ちゅうがっこう》の寄宿舎《きしゅくしゃ》に入《はい》りました。

そしてますます文学《ぶんがく》への想《おも》いを強《つよ》め、文学雑誌《ぶんがくざっし》に投稿《とうこう》したり、地方新聞《ちほうしんぶん》に原稿《げんこう》を持《も》ちこんだりするようになりました。

中学《ちゅうがく》四年生《ねんせい》のときの日記《にっき》には、「ノーベル賞《しょう》を思《おも》わぬでもない」と、文学作品《ぶんがくさくひん》への自信《じしん》を書《か》き記《しる》しています。

新感覚派《しんかんかくは》

中学校《ちゅうがっこう》を卒業後《そつぎょうご》は、東京《とうきょう》に出《で》て、親戚《しんせき》の家《いえ》に身《み》を寄《よ》せ、高等学校受験《こうとうがっこうじゅけん》の準備《じゅんび》をしました。

一人《ひとり》ぼっちの康成《やすなり》でしたが、夜《よる》ふとんに入《はい》ると、目《め》をつぶり、必《かなら》ず両手《りょうて》を合《あ》わせるのでした。

「今日《きょう》もいろいろな人《ひと》のお世話《せわ》になった。なんとありがたいことだろう……」

このころは、ロシアの作家《さっか》、ドストエフスキーにのめりこみました。

第一高等学校《だいいちこうとうがっこう》から東京帝国大学《とうきょうていこくだいがく》（現東京大学《げんとうきょうだいがく》）文学部《ぶんがくぶ》へと進《すす》みました。文学部《ぶんがくぶ》では、最初《さいしょ》は英文学科《えいぶんがっか》に入学《にゅうがく》しましたが、とちゅうで国文学科《こくぶんがっか》に変《か》わりました。

そして二十二歳《さい》のとき、書《か》いていた小説《しょうせつ》を同人雑誌《どうじんざっし》（仲間《なかま》たちと作品《さくひん》をいっしょに載《の》せる雑誌《ざっし》）「新思潮《しんしちょう》」に掲載《けいさい》したところ、当時《とうじ》の大作家《だいさっか》である菊池寛《きくちかん》に認《みと》められました。

しかしこの年《とし》、婚約《こんやく》した女性《じょせい》に結婚《けっこん》を断《ことわ》られてしまうという事件《じけん》が起《お》きました。

「この人《ひと》と、家庭《かてい》を築《きず》けると思《おも》ったのに……」

康成《やすなり》の悲《かな》しみ……、孤児《こじ》になったこと、失恋《しつれん》したことは、彼《かれ》の文学《ぶんがく》を形《かたち》づくっていく上《うえ》で、大《おお》きく作用《さよう》したのかもしれません。

卒業《そつぎょう》後《ご》は、小説《しょうせつ》に専念《せんねん》するようになります。菊池寛《きくちかん》が創刊《そうかん》した文芸雑誌《ぶんげいざっし》「文藝春秋《ぶんげいしゅんじゅう》」の編集委員《へんしゅういいん》に抜擢《ばってき》されました。横光利一《よこみつりいち》ら仲間《なかま》の作家《さっか》たちと「文藝時代《ぶんげいじだい》」という同人雑誌《どうじんざっし》を作《つく》りました。この同人雑誌《どうじんざっし》に参加《さんか》した作家《さっか》たちは、それまでの日本文学《にほんぶんがく》とは、物《もの》のとらえ方《かた》や表現《ひょうげん》の仕方《しかた》がちがうので、「新感覚派《しんかんかくは》」と呼《よ》ばれました。

代表作《だいひょうさく》の一《ひと》つ、「伊豆《いず》の踊子《おどりこ》」は、「文藝時代《ぶんげいじだい》」に一九二六年《ねん》、発表《はっぴょう》されました。高等学校《こうとうがっこう》時代《じだい》に伊豆《いず》へ旅行《りょこう》し、旅《たび》の一座《いちざ》と出会《であ》ったときのことを題材《だいざい》にした作品《さくひん》で、次《つぎ》の書《か》き出《だ》しが有名《ゆうめい》です。

道《みち》がつづら折《お》りになって、いよいよ天城峠《あまぎとうげ》に近《ちか》づいたと思《おも》う頃《ころ》、雨脚《あまあし》が杉《すぎ》の密林《みつりん》を白《しろ》く染《そ》めながら、すさまじい早《はや》さで麓《ふもと》から私《わたし》を追《お》って来《き》た。

雪国《ゆきぐに》

その後《ご》康成《やすなり》は、三十二歳《さい》のとき、知《し》り合《あ》った女性《じょせい》と結婚《けっこん》しました。

そして、一九三四年《ねん》、三十五歳《さい》のとき、「雪国《ゆきぐに》」という作品《さくひん》を書《か》きはじめました。この作品《さくひん》は、太平洋戦争《たいへいようせんそう》の間《あいだ》もずっと書《か》きつづけられ、戦後《せんご》も書《か》きなおされました。

国境*の長《なが》いトンネルを抜《ぬ》けると雪国《ゆきぐに》であった。

という書《か》き出《だ》しです。新潟県《にいがたけん》の湯沢温泉《ゆざわおんせん》が舞台《ぶたい》ですが、「伊豆《いず》の踊子《おどりこ》」と同《おな》じく、これも旅《たび》から生《う》まれた作品《さくひん》でした。

戦争中《せんそうちゅう》、康成《やすなり》は、戦地《せんち》の兵隊《へいたい》たちがこの「雪国《ゆきぐに》」を読《よ》んで、日本《にほん》をなつかしく思《おも》い出《だ》すということを知《し》りました。作品《さくひん》に描《えが》かれている日本《にほん》の美《うつく》しい自然《しぜん》や、日本女性《にほんじょせい》の姿《すがた》を恋《こい》しく思《おも》うというのです。

「自分《じぶん》は日本《にほん》の作家《さっか》なんだ……」

康成《やすなり》は、そう強《つよ》く自覚《じかく》しました。ほかにも、「千羽鶴《せんばづる》」「山《やま》の音《おと》」「古都《こと》」など、日本《にほん》の人《ひと》びとをするどく見《み》つめた作品《さくひん》を、数多《かずおお》く執筆《しっぴつ》しました。

＊「国境」の読《よ》みは、「こっきょう」「くにざかい」の二説《にせつ》ある。

作家《さっか》として活躍《かつやく》する一方《いっぽう》、康成《やすなり》は評論家《ひょうろんか》としても活躍《かつやく》していました。

また、新人《しんじん》を見《み》いだす力《ちから》にもたけていました。ハンセン病《びょう》の青年《せいねん》、北條民雄《ほうじょうたみお》の作品《さくひん》を世《よ》に送《おく》り出《だ》し、岡本《おかもと》かの子《こ》などの女流作家《じょりゅうさっか》や、三島由紀夫《みしまゆきお》などを応援《おうえん》しました。「芥川賞《あくたがわしょう》」という新人作家《しんじんさっか》に与《あた》えられる賞《しょう》ができたときには、第一回目《だいいっかいめ》から選考委員《せんこういいん》をつとめました。

「雪国《ゆきぐに》」など、康成《やすなり》の主《おも》な作品《さくひん》は、日本文学者《にほんぶんがくしゃ》エドワード・G・サイデンステッカーによって英語《えいご》に翻訳《ほんやく》され、世界《せかい》の人《ひと》びとに読《よ》まれ、評価《ひょうか》されました。

そして、一九六八年《ねん》、六十九歳《さい》のとき、ノーベル文学賞《ぶんがくしょう》を受賞《じゅしょう》しました。受賞理由《じゅしょうりゆう》は、「日本人《にほんじん》の心《こころ》の精髄《せいずい》を、すぐれた感受性《かんじゅせい》をもって表現《ひょうげん》、世界《せかい》の人《ひと》びとに深《ふか》い感銘《かんめい》を与《あた》えたため」です。

康成《やすなり》は、記者会見《きしゃかいけん》で答《こた》えました。

「(ノーベル文学賞《ぶんがくしょう》を) アジアにも贈《おく》りたいと思《おも》っていたようだから、たいへん幸運《こううん》だと思《おも》います。半分《はんぶん》ぐらい翻訳者《ほんやくしゃ》の功績《こうせき》でしょう」

アジアでのノーベル文学賞《ぶんがくしょう》の受賞《じゅしょう》は、まだ二人目《ふたりめ》でした。

ストックホルムでの授賞式《じゅしょうしき》には、紋《もん》つきの羽織袴《はおりはかま》という、純日本風《じゅんにほんふう》なスタイルで出席《しゅっせき》し、スウェーデン国王《こくおう》から、メダルと賞状《しょうじょう》を受《う》けとりました。

翌々日《よくよくじつ》の受賞記念講演《じゅしょうきねんこうえん》にはスーツを着《き》て出席《しゅっせき》し、「美《うつく》しい日本《にほん》の私《わたし》」という題《だい》でスピーチしました。サイデンステッカー教授《きょうじゅ》に同時通訳《どうじつうやく》してもらいながら、日本《にほん》の古典文学《こてんぶんがく》や芸術《げいじゅつ》のすばらしさを伝《つた》え、自分《じぶん》もまたその流《なが》れを受《う》けついでいる、と話《はな》しました。

このように、日本《にほん》の文学《ぶんがく》が世界《せかい》で評価《ひょうか》されるきっかけを作《つく》り、同時《どうじ》に後輩《こうはい》たちも育《そだ》てた康成《やすなり》でしたが、ノーベル賞《しょう》の受賞《じゅしょう》からわずか三年半後《ねんはんご》の一九七二年《ねん》、自《みずか》らこの世《よ》を去《さ》りました。

その後《ご》、康成《やすなり》の功績《こうせき》を記念《きねん》し、川端康成文学賞《かわばたやすなりぶんがくしょう》が設立《せつりつ》されました。

この賞《しょう》は、その年度《ねんど》のもっとも完成度《かんせいど》の高《たか》い短編小説《たんぺんしょうせつ》に対《たい》して、今《いま》も贈《おく》られています。

インドの貧《まず》しい人《ひと》たちを
救《すく》いつづけた修道女《しゅうどうじょ》

マザー・テレサ

1910年《ねん》8月《がつ》26日《にち》～1997年《ねん》9月《がつ》5日《か》

1979年《ねん》　ノーベル平和賞《へいわしょう》

マザー・テレサは、キリスト教《きょう》の修道女《しゅうどうじょ》としてインドにわたり、貧《まず》しい人《ひと》たちのための奉仕活動《ほうしかつどう》に一生《いっしょう》をささげた女性《じょせい》です。

クリスチャンの家庭《かてい》に育《そだ》って

マザー・テレサは、一九一〇年《ねん》、東《ひがし》ヨーロッパのスコピエ（現在《げんざい》のマケドニアの首都《しゅと》）で生《う》まれました。

本名《ほんみょう》はアグネス・ゴンジャ・ボワジュといいます。両親《りょうしん》はアルバニア人《じん》の熱心《ねっしん》なカトリック信者《しんじゃ》でした。

幼《おさな》いころ、テレサは両親《りょうしん》に連《つ》れられ、日曜日《にちようび》には必《かなら》ず教会《きょうかい》に通《かよ》いました。上《うえ》にはお姉《ねえ》さんとお兄《にい》さんが一人《ひとり》ずついました。

ところが九歳《さい》のとき、とつぜんお父《とう》さんが亡《な》くなってしまいました。

家計《かけい》が苦《くる》しくなり、お母《かあ》さんは、刺繍製品《ししゅうせいひん》を販売《はんばい》することで、子《こ》どもたちを育《そだ》てました。

一家《いっか》にとって、キリスト教《きょう》の信仰《しんこう》は、ますます大切《たいせつ》なものになっていきました。

少女《しょうじょ》のテレサは、あるとき、神父《しんぷ》さまからこういう話《はなし》を聞《き》きました。

「わたしたちはインドに行《い》き、宣教師《せんきょうし》としてキリスト教《きょう》を広《ひろ》めながら、貧《まず》しい人《ひと》たちのために働《はたら》く仕事《しごと》をしています。キリストの愛《あい》を、苦《くる》しんでいる人《ひと》たちに伝《つた》えているのです」

テレサは、感動《かんどう》しました。

「なんて立派《りっぱ》な活動《かつどう》なんだろう！　自分《じぶん》もそんな仕事《しごと》ができたらどんなにいいかしら！」

しばらくして、アイルランドのロレット修道会《しゅうどうかい》が、修道女《しゅうどうじょ》をインドに送《おく》りこみ、同《おな》じような活動《かつどう》をしているという情報《じょうほう》を聞《き》きました。

テレサは、これこそ自分《じぶん》の生《い》きる道《みち》だ、と直感《ちょっかん》したのです。

「わたしは、修道女《しゅうどうじょ》になって、インドの貧《まず》しい人《ひと》たちのために働《はたら》こう！」

修道女《しゅうどうじょ》というのは、一生《いっしょう》を神様《かみさま》にささげることを誓《ちか》い、修道院内《しゅうどういんない》で共同生活《きょうどうせいかつ》をする尼《あま》さんたちのことで、シスターと呼《よ》ばれています。

貧《まず》しい人《ひと》たちのために福祉活動《ふくしかつどう》をしたり、海外《かいがい》で布教活動《ふきょうかつどう》をしたりします。しかし、一《いち》度修道院《どしゅうどういん》に入《はい》ったら、結婚《けっこん》することは許《ゆる》されず、何年《なんねん》も自分《じぶん》の家《いえ》には戻《もど》れません。

テレサは、お母《かあ》さんに思《おも》いを伝《つた》えました。

「わたしは、神様《かみさま》に一生《いっしょう》をささげる修道女《しゅうどうじょ》になります！」

お母《かあ》さんも、「それが神《かみ》の御心《みこころ》ならば」と、この申《もう》し出《で》を受《う》け入《い》れてくれました。

修道女《しゅうどうじょ》となってインドへ

こうして十八歳《さい》のとき、テレサはアイルランドにあるロレット修道会《しゅうどうかい》に入《はい》りました。

英語《えいご》とインドのベンガル語《ご》を習《なら》い、ついにインドに派遣《はけん》されました。

現地《げんち》の女子修道院《じょししゅうどういん》に入《はい》り、神《かみ》に一生《いっしょう》をささげることを正式《せいしき》に誓《ちか》い、修道女《しゅうどうじょ》になりました。

それまでの本名《ほんみょう》は捨《す》て、名前《なまえ》を、シスター・テレサと改《あらた》めました。

やがて、修道会《しゅうどうかい》からいわれ、インドのコルカタにある女学校《じょがっこう》で、地理《ちり》と歴史《れきし》を教《おし》える先《せん》生《せい》になりました。十数年後《すうねんご》には、校長先生《こうちょうせんせい》に昇格《しょうかく》しました。

ところが、第二次世界大戦《だいじせかいたいせん》が終《お》わってインドがイギリスから独立《どくりつ》しようとしていたころ、コルカタの町《まち》は、宗教対立《しゅうきょうたいりつ》による暴動《ぼうどう》で大混乱《だいこんらん》に陥《おちい》りました。

テレサが学校《がっこう》の外《そと》に食糧《しょくりょう》を求《もと》めて行《い》ってみると、そこで見《み》たのは、道《みち》ばたで、飢《う》えのために亡《な》くなっていく、たくさんの人《ひと》びとでした。

「……なんて悲惨《ひさん》なの！」

テレサは、大《おお》きなショックを受《う》けました。

この経験《けいけん》をした後《あと》のことです。インドのダージリンという町《まち》の修道院《しゅうどういん》へ、修行《しゅぎょう》のために向《む》かった汽車《きしゃ》の中《なか》で、テレサは、一生《いっしょう》を決《き》める体験《たいけん》をしました。はっきりと神《かみ》の言葉《ことば》を聞《き》いたのでした。

——修道院《しゅうどういん》を出《で》て、貧《まず》しい人《ひと》たちのために働《はたら》きなさい。

「神様《かみさま》が、わたしの使命《しめい》を教《おし》えてくださっている」

修行《しゅぎょう》を終《お》え、学校《がっこう》にもどったテレサは、修道会《しゅうどうかい》の神父《しんぷ》に許可《きょか》を求《もと》めました。

「神様《かみさま》の言葉《ことば》が聞《き》こえました。わたしは、貧《まず》しい人《ひと》たちのために働《はたら》きます」

「しかし、シスターたるもの、一生《いっしょう》修道院《しゅうどういん》を出《で》ないというのが決《き》まりなのですよ」

「それでもこれが、神様《かみさま》がお命《めい》じになった、わたしの使命《しめい》だと思《おも》うんです」

修道院《しゅうどういん》を出《で》て

二年後《ねんご》の一九四八年夏《ねんなつ》、ようやく許《ゆる》しを得《え》て、テレサは修道院《しゅうどういん》から外《そと》に出《で》ていきました。

「まずは、人《ひと》びとを助《たす》ける技術《ぎじゅつ》を身《み》につけなければ……」

そう思《おも》ったテレサは、アメリカの修道女会《しゅうどうじょかい》が運営《うんえい》する病院《びょういん》で、病気《びょうき》やケガをした人《ひと》たちの看護《かんご》の集中訓練《しゅうちゅうくんれん》を受《う》けました。

それが終《お》わると、安《やす》い木綿《もめん》のサリー（インドの女性《じょせい》が着《き》る服《ふく》）にサンダルをはき、コルカタの貧《まず》しい人《ひと》たちが暮《く》らす地域《ちいき》に出《で》かけていきました。

人《ひと》びとは、ほったて小屋《ごや》に住《す》み、衛生状態《えいせいじょうたい》も劣悪《れつあく》。これでは、すぐ感染症《かんせんしょう》にかかってしまいます。

子《こ》どもたちは、学校《がっこう》へも行《い》けず、文字《もじ》の書《か》き方《かた》も知《し》りません。

そこでテレサは、青空教室《あおぞらきょうしつ》を開《ひら》き、子《こ》どもたちに勉強《べんきょう》を教《おし》えました。

一方《いっぽう》、病気《びょうき》やケガの人《ひと》の手当《てあ》てもします。善意《ぜんい》ある人《ひと》たちから届《とど》いた支援物資《しえんぶっし》も配《くば》ります。

しかし、たった一人《ひとり》で毎日働《まいにちはたら》いていると、限界《げんかい》もあります。

「神様《かみさま》、こんなわたしをお助《たす》けください」

すると、女学校《じょがっこう》で教《おし》えた生徒《せいと》たちが、力《ちから》を貸《か》してくれました。

「シスター・テレサ。わたしたちにも手伝《てつだ》わせてください！」

「ありがとう！　一人《ひとり》ではできないことでも、みんなが力《ちから》を合《あ》わせれば、きっとできるにちがいないわ！」

一九五〇年《ねん》、テレサは、国籍《こくせき》をインドに変《か》えました。そして、テレサと十一人《にん》の生徒《せいと》たちは、「神《かみ》の愛《あい》の宣教者会《せんきょうしゃかい》」という修道会《しゅうどうかい》を作《つく》りました。

四十歳《さい》になっていたリーダーのテレサは、「マザー・テレサ」と呼《よ》ばれるようになりました。しかし、ほかのシスターとは平等《びょうどう》に働《はたら》き、トイレそうじさえ率先《そっせん》して受《う》けもちました。

テレサたちは、青《あお》いふちどりのある白《しろ》いサリーに十字架《じゅうじか》をつけて働《はたら》きます。持《も》ち物《もの》は、そのサリーと聖書《せいしょ》、洗濯用《せんたくよう》のバケツだけ。私物《しぶつ》はいっさい持《も》つことを許《ゆる》されません。朝晩《あさばん》、神《かみ》に祈《いの》りをささげながら、黙々《もくもく》と奉仕活動《ほうしかつどう》をします。ぜいたくやおしゃれもできません。テレサはこう考《かんが》えていました。

「貧《まず》しい人《ひと》びとを理解《りかい》するためには、自分《じぶん》たちも貧《まず》しさを知《し》っていなければならない」

世界《せかい》に広《ひろ》まった奉仕活動《ほうしかつどう》

とてもきびしい生活《せいかつ》でしたが、この会《かい》の活動《かつどう》は、だんだん広《ひろ》まり、参加《さんか》してくれる人《ひと》も増《ふ》えていきました。

けれども、いくら毎日働《まいにちはたら》いても、まだまだ町《まち》の状況《じょうきょう》は悲惨《ひさん》でした。道《みち》ばたには、栄養失調《えいようしっちょう》や病気《びょうき》のために死《し》にかけている人《ひと》たちがバタバタと倒《たお》れています。

テレサたちは、一九五二年「死《し》を待《ま》つ人《ひと》の家《いえ》」という施設《しせつ》を作《つく》り、その人《ひと》たちを運《はこ》びこんでは、ていねいにその最期《さいご》を看取《みと》りました。せめて人生《じんせい》の終《お》わりだけでも温《あたた》かい愛情《あいじょう》に包《つつ》まれて過《す》ごしてほしいと思《おも》ったからです。

ところが、地元《じもと》の人《ひと》たちは、石《いし》を投《な》げつけてガラスを割《わ》り、こうさけびました。

「あの女《おんな》は、貧《まず》しい人《ひと》たちをキリスト教《きょう》に改《かい》宗《しゅう》させようとしているぞ！」

するとテレサは、訴《うった》えました。

「殺《ころ》したいなら、わたしを殺《ころ》して！　だけど、中《なか》の人《ひと》たちは、静《しず》かに死《し》なせてあげて！」

民衆《みんしゅう》たちは、とたんに静《しず》まりかえり、そそくさと去《さ》っていきました。

そしてテレサは一九五五年《ねん》、捨《す》てられた子《こ》どもたちのために「孤児《こじ》の家《いえ》」も作《つく》りました。するど、ありがたいことに、子《こ》どもたちを自分《じぶん》の家《いえ》の養子《ようし》にしたいという人《ひと》たちが、次々《つぎつぎ》にやってきてくれるようになりました。

世界各国《せかいかっこく》からも問《と》い合《あ》わせがあり、海《うみ》を渡《わた》って新《あたら》しい家族《かぞく》にむかえられ、幸《しあわ》せな毎日《まいにち》を送《おく》るようになった子《こ》どもも、大《おお》ぜいいます。

これらの活動《かつどう》は、世界中《せかいじゅう》の人《ひと》からの寄付《きふ》や募金《ぼきん》に支《ささ》えられていますが、テレサはさまざまな工夫《くふう》やアイディアでさらに資金《しきん》を集《あつ》めました。

インドの役人《やくにん》に土地《とち》を使《つか》わせてもらうときは、相手《あいて》が乗《の》り気《き》になったとたん、最初《さいしょ》の計《けい》画《かく》より多《おお》めに貸《か》してくれるよう、すかさず頼《たの》みます。テレサは、交渉《こうしょう》がとても上手《じょうず》でした。

一九六四年《ねん》、ローマ教皇《きょうこう》からもらった白《しろ》い高級車《こうきゅうしゃ》を使《つか》って宝《たから》くじをし、集《あつ》まったお金《かね》をもとに、ハンセン病《びょう》の患者《かんじゃ》のための診療所《しんりょうじょ》「平和《へいわ》の村《むら》」を設立《せつりつ》しました。

また、ある時《とき》、テレサは飛行機《ひこうき》に乗《の》ってこう気《き》づきました。機内食《きないしょく》が出《で》ても、手《て》をつけずに残《のこ》す人《ひと》がたくさんいたのです。

「残《のこ》った機内食《きないしょく》を、困《こま》っている人《ひと》たちのために分《わ》けてくださいませんか」

航空会社《こうくうがいしゃ》は、「必《かなら》ずその日《ひ》のうちに食《た》べてください」と注意《ちゅうい》をしながらも、機内食《きないしょく》の残《のこ》りを貧《まず》しい人《ひと》たちのために分《わ》けてくれるようになりました。

一九七五年《ねん》には、「神《かみ》の愛《あい》の宣教者会《せんきょうしゃかい》」は創立《そうりつ》二十五周年《しゅうねん》を迎《むか》え、施設《しせつ》の数《かず》はどんどん増《ふ》え、インド国内《こくない》に六十一、海外《かいがい》に二十七となり、シスターは千人《せんにん》を超《こ》えました。

普段着《ふだんぎ》のサリーを着《き》て授賞式《じゅしょうしき》へ

多《おお》くの貧《まず》しい人《ひと》びとを救《すく》ったマザー・テレサは、一九七九年《ねん》、六十九歳《さい》のとき、ノーベル平和賞《へいわしょう》を受《う》けました。

「わたしは、貧《まず》しい人《ひと》たちの代表《だいひょう》として、この賞《しょう》をいただくことにしました」

授賞式《じゅしょうしき》では、いつもと同《おな》じ白《しろ》いサリーにサンダル姿《すがた》で壇上《だんじょう》に立《た》ち、小《ちい》さく十字《じゅうじ》を切《き》ってからこう話《はな》しました。

「愛《あい》は家庭《かてい》からはじまります。

何《なに》をどれだけしたか、ではなく、その行動《こうどう》にどれだけ愛《あい》をこめたかが大事《だいじ》です。

お互《たが》い会《あ》うときは、微笑《ほほえ》みを忘《わす》れないようにしましょう。

みなさんがぜひ、世界《せかい》の平和《へいわ》の灯《ともしび》となってくださいますように」

盛大《せいだい》な晩餐会《ばんさんかい》は辞退《じたい》し、賞金《しょうきん》もすべて奉仕活動《ほうしかつどう》に使《つか》いました。

受賞《じゅしょう》の際《さい》の記者会見《きしゃかいけん》では、

「世界平和《せかいへいわ》のために、わたしたちはどんなことをしたらいいですか」

と聞《き》かれ、こう答《こた》えました。

「家《いえ》に帰《かえ》って家族《かぞく》を愛《あい》してあげてください」

晩年《ばんねん》のマザー・テレサは、世界《せかい》を飛《と》びまわって活動《かつどう》を続《つづ》けました。

一九八二年《ねん》、レバノンのベイルートに作《つく》った「孤児《こじ》の家《いえ》」が、戦争《せんそう》のまっただ中《なか》に取《と》り残《のこ》されてしまいました。するとテレサは、周囲《しゅうい》の反対《はんたい》を押《お》しきって、休戦《きゅうせん》のチャンスを見《み》はからって出《で》かけていき、子《こ》どもたちを救出《きゅうしゅつ》してきました。

一九八四年《ねん》には、来日《らいにち》して広島《ひろしま》の原爆慰霊碑《げんばくいれいひ》に花輪《はなわ》をささげ、次《つぎ》の言葉《ことば》を残《のこ》しました。

「ヒロシマに多大《ただい》な苦痛《くつう》をもたらした恐《おそ》るべき罪悪《ざいあく》が二度《にど》と起《お》こらないよう、神《かみ》がわれわれ一人《ひとり》ひとりを愛《あい》するように互《たが》いに愛《あい》し合《あ》いましょう」

一九九〇年《ねん》、八十歳《さい》のとき心臓病《しんぞうびょう》で倒《たお》れ、生死《せいし》の境《さかい》をさまよいましたが、手術《しゅじゅつ》を受《う》け、無事退院《ぶじたいいん》することができました。

病《やまい》を得《え》ても、世界各地《せかいかくち》にいる貧《まず》しい人《ひと》たちのために尽《つ》くしたいという思《おも》いは、決《けっ》してゆるぎませんでした。

テレサの発言《はつげん》は、各国《かっこく》の政治家《せいじか》にも、大《おお》きな影響《えいきょう》を与《あた》えました。

一九九一年《ねん》、湾岸戦争《わんがんせんそう》が起《お》こりそうになると、「戦争《せんそう》で多《おお》くの人《ひと》が苦《くる》しむのはよくない」と戦争反対《せんそうはんたい》を強《つよ》く訴《うった》えました。

それからも生涯奉仕活動《しょうがいほうしかつどう》を続《つづ》けたマザー・テレサは、一九九七年《ねん》、インドのコルカタで亡《な》くなりました。八十七歳《さい》でした。

インドはテレサに敬意《けいい》を表《ひょう》して国葬《こくそう》を行《おこな》い、宗教《しゅうきょう》をこえて、大《おお》ぜいの人《ひと》がテレサの死《し》をいたみました。

八十五万匹《まんびき》のクラゲを使《つか》って光《ひか》るタンパク質《しつ》を研究《けんきゅう》

下村脩《しもむらおさむ》

1928年《ねん》8月《がつ》27日《にち》〜

2008年《ねん》　ノーベル化学賞《かがくしょう》

下村脩《しもむらおさむ》は、オワンクラゲというクラゲが発光《はっこう》するしくみをつきとめました。そして、緑色《みどりいろ》に光《ひか》る「緑色蛍光《りょくしょくけいこう》タンパク質《しつ》（GFP《ジーエフピー》）」を発見《はっけん》しました。

戦争中《せんそうちゅう》の子《こ》ども時代《じだい》

下村脩《しもむらおさむ》は、一九二八年《ねん》、京都府《きょうとふ》で生《う》まれました。お父《とう》さんが陸軍《りくぐん》の軍人《ぐんじん》だったため、子《こ》どものころは、中国大陸《ちゅうごくたいりく》の満州《まんしゅう》など、各地《かくち》を移《うつ》り住《す》んで過《す》ごしました。

小学生《しょうがくせい》のときは、昆虫採集《こんちゅうさいしゅう》やザリガニつりなど、外遊《そとあそ》びが大好《だいす》きな男《おとこ》の子《こ》でした。

転校《てんこう》して大阪市《おおさかし》の住吉中学校《すみよしちゅうがっこう》に入《はい》ったときは、それまで住《す》んでいた地方《ちほう》より、授業《じゅぎょう》のレベルが高《たか》かったこともあって、一年《ねん》の終《お》わりの成績《せいせき》は、三百二人中《にんちゅう》三百番《ばん》でした。

ですから子《こ》どものころの脩《おさむ》は、必《かなら》ずしも特別《とくべつ》な優等生《ゆうとうせい》というわけではなかったのです。

やがて一九四四年《ねん》、戦争《せんそう》がはげしくなり、お母《かあ》さんの実家《じっか》である長崎県《ながさきけん》の諫早市《いさはやし》に疎開《そかい》しました。

九月一日《がつついたち》から諫早中学校《いさはやちゅうがっこう》に転校《てんこう》となりましたが、登校《とうこう》した最初《さいしょ》の日《ひ》に、先生《せんせい》が生徒《せいと》たちに言《い》いわたしました。

「君《きみ》たちは、明日《あす》から、海軍《かいぐん》の航空廠《こうくうしょう》に学徒動員《がくとどういん》されることになった」

航空廠《こうくうしょう》というのは、軍用飛行機《ぐんようひこうき》の設計《せっけい》、製作《せいさく》、実験《じっけん》、修理《しゅうり》などを担当《たんとう》する機関《きかん》です。戦《せん》争中《そうちゅう》で人手《ひとで》が足《た》りないため、「学徒動員《がくとどういん》」といって、中学生《ちゅうがくせい》もそこで働《はたら》くことになったのです。

「せっかく新《あたら》しい学校《がっこう》に入《はい》ったのに、勉強《べんきょう》せずに働《はたら》くなんて……」

しかし、国《くに》が決《き》めたことですから、逆《さか》らうことはできません。

航空廠《こうくうしょう》の寄宿舎《きしゅくしゃ》に住《す》みこんで、大人《おとな》たちの手助《てだす》けをして働《はたら》きました。

ところが十月《がつ》二十五日《にち》、アメリカの爆撃機《ばくげきき》の大軍《たいぐん》が、航空廠《こうくうしょう》のあった大村市《おおむらし》の上空《じょうくう》に飛《と》んできたのです。

「たいへんだ！　空襲《くうしゅう》だ！」

脩《おさむ》は爆弾《ばくだん》の雨《あめ》の中《なか》をにげまわって生《い》きのびましたが、航空廠《こうくうしょう》は破壊《はかい》されてしまいました。

その後《あと》は、山《やま》の中《なか》にある軍用機《ぐんようき》の修理工場《しゅうりこうじょう》で働《はたら》かされました。

脩《おさむ》はけっきょく、諫早中学校《いさはやちゅうがっこう》では一時間《じかん》の授業《じゅぎょう》も受《う》けることなく、卒業《そつぎょう》したことにされてしまいました。

長崎《ながさき》の原爆《げんばく》

一九四五年《ねん》八月九日《がつここのか》のことです。脩《おさむ》はまだ、工場《こうじょう》での仕事《しごと》を続《つづ》けていました。

午前《ごぜん》十一時少《じすこ》し前《まえ》に空襲警報《くうしゅうけいほう》が鳴《な》ったので、工場《こうじょう》を出《で》て友《とも》だちと近《ちか》くの高台《たかだい》に避難《ひなん》しました。軍事関連《ぐんじかんれん》の施設《しせつ》には、爆弾《ばくだん》が落《お》とされる危険《きけん》があったからです。すると、晴《は》れた空《そら》を北《きた》の方向《ほうこう》からB29《ビー》というアメリカの爆撃機《ばくげきき》が、長崎市《ながさきし》の上空《じょうくう》に向《む》かうのが見《み》えました。

「変《へん》だなあ。いつもとちがう方向《ほうこう》に飛《と》んでいる」

なぜかすぐ、空襲警報《くうしゅうけいほう》が解除《かいじょ》になりました。

「さあまた、仕事《しごと》だ！」

工場《こうじょう》に戻《もど》り、作業用《さぎょうよう》の椅子《いす》に座《すわ》ったそのとたんです。窓《まど》から、強《つよ》い光《ひかり》がぱっと差《さ》しこみました。しばらく何《なに》も見《み》ることができませんでした。

そしてその光《ひかり》の約《やく》四十秒後《びょうご》に、ごう音《おん》がひびきました。

これこそ、長崎《ながさき》に落《お》とされた原子爆弾《げんしばくだん》だったのです。

空《そら》はとたんに暗《くら》くなり、夕方帰宅《ゆうがたきたく》するときには、黒《くろ》い雨《あめ》が降《ふ》っていました。家《いえ》に帰《かえ》ると白《しろ》いシャツが黒《くろ》くぬれていましたが、すぐにおばあさんが、お風呂《ふろ》に入《はい》るようにいってくれたので、脩《おさむ》は放射能《ほうしゃのう》の被害《ひがい》をあまり受《う》けずにすんだのでした。

そして八月《がつ》十五日《にち》、戦争《せんそう》は終《お》わり、学徒動員《がくとどういん》は解除《かいじょ》されたので、脩《おさむ》はもう工場《こうじょう》で働《はたら》かなくてもよくなりました。

「いったいこれから、ぼくはどうしたらいいんだろう？」

不安《ふあん》になった脩《おさむ》は、春《はる》に卒業《そつぎょう》した諫早中学校《いさはやちゅうがっこう》に行《い》って先生《せんせい》たちに相談《そうだん》しようと思《おも》いたちました。

しかし、終戦《しゅうせん》から一週間後《しゅうかんご》に出《で》かけていくと、学校《がっこう》は、原爆《げんばく》で被災《ひさい》した人《ひと》たちの収容所《しゅうようじょ》になっていたのです。

正門《せいもん》の両側《りょうがわ》には、収容《しゅうよう》されている人《ひと》の名前《なまえ》が、張《は》りだされていました。門《もん》の向《む》かいに止《と》まっている馬車《ばしゃ》には、火葬場《かそうば》に運《はこ》ばれる遺体《いたい》が積《つ》まれています。

校庭《こうてい》には、半裸《はんら》の男《おとこ》の人《ひと》たちが歩《ある》いていましたが、皮膚《ひふ》は黒《くろ》ずみ、その上《うえ》にはウジ（蠅《はえ》の幼虫《ようちゅう》）がたかっていました。脩《おさむ》にはその人《ひと》たちが幽霊《ゆうれい》のように見《み》えました。

「あの人《ひと》たちも、あと何日《なんにち》かしたら、死《し》んでいくんだ……」

ショックで頭《あたま》が真《ま》っ白《しろ》になりました。人生《じんせい》のはかなさと無常《むじょう》さを、ひしひしと感《かん》じてしまったのです。原爆《げんばく》のあまりの悲惨《ひさん》さに、人生《じんせい》に対《たい》する考《かんが》え方《かた》が変《か》わりました。

「出世《しゅっせ》して有名《ゆうめい》になったり、金持《かねも》ちになったりすることなんか、どうでもいい。一日《にち》一日《にち》をきれいに、そして有意義《ゆういぎ》に過《す》ごすことが人間《にんげん》として大事《だいじ》なんだ！」

薬学部《やくがくぶ》への進学《しんがく》

その後《ご》、脩《おさむ》は長崎医科大学附属薬学専門部《ながさきいかだいがくふぞくやくがくせんもんぶ》（現長崎大学薬学部《げんながさきだいがくやくがくぶ》）に進学《しんがく》しました。薬剤師《やくざいし》になろうと思《おも》っていたわけではなかったのですが、終戦《しゅうせん》の混乱《こんらん》で、ほかに入学《にゅうがく》できる学校《がっこう》がなかったのです。

化学《かがく》の実験《じっけん》に興味《きょうみ》を持《も》ったのは、そのときからです。薬品《やくひん》を混《ま》ぜて反応《はんのう》を見《み》る実験《じっけん》が、おもしろくてたまりません。一番《ばん》の成績《せいせき》で卒業《そつぎょう》すると、同《おな》じ大学《だいがく》の助手《じょしゅ》になりました。

四年間《ねんかん》働《はたら》いた後《あと》、名古屋大学理学部《なごやだいがくりがくぶ》の研究生《けんきゅうせい》になりました。

そこではじめたのが、ウミホタルという光《ひか》る生物《せいぶつ》の研究《けんきゅう》です。

ウミホタルの体内《たいない》には、ルシフェリンとルシフェラーゼという物質《ぶっしつ》があります。これらがそれぞれの器官《きかん》から分泌《ぶんぴつ》され、海中《かいちゅう》で混《ま》ざりあうと発光《はっこう》します。そのルシフェリンの結晶《けっしょう》（よけいなものを除《のぞ》いた純粋《じゅんすい》な固《かた》まり）を作《つく》るようにと課題《かだい》をもらいました。

乾燥《かんそう》したウミホタルをすりつぶして実験《じっけん》しますが、なかなかうまくいきません。

ある日《ひ》、結晶《けっしょう》を作《つく》るためとは別《べつ》の実験《じっけん》をしてみようかと思《おも》って、ルシフェリンが溶《と》けている液《えき》に、濃塩酸《のうえんさん》という薬品《やくひん》を混《ま》ぜたものを、実験室《じっけんしつ》に一晩《ひとばん》置《お》いておきました。

すると、次《つぎ》の寒《さむ》い朝《あさ》、暗《くら》い赤色《せきしょく》だった溶液《ようえき》が透明《とうめい》に変《か》わり、底《そこ》にほんの少《すこ》し、黒《くろ》いものがたまっていたのです。

調《しら》べてみると、これこそルシフェリンの結晶《けっしょう》でした。それが光《ひか》ることも確《たし》かめられました。うまく結晶《けっしょう》になったのには、その日《ひ》が寒《さむ》かったというぐうぜんも重《かさ》なっていました。

「やった！　ついに結晶《けっしょう》を作《つく》ることができた！」

その日《ひ》は興奮《こうふん》して夜《よる》も眠《ねむ》れないほどでしたが、このとき、心《こころ》からこう思《おも》いました。

「どんなにむずかしいことでも、努力《どりょく》すればきっとできるんだ！」

ルシフェリンの結晶《けっしょう》を作《つく》る実験《じっけん》は、それまでもアメリカで行《おこな》われていましたが、だれも成功《せいこう》したことがありませんでした。

日本《にほん》で成功《せいこう》したというニュースを聞《き》いたアメリカのプリンストン大学《だいがく》から「下村《しもむら》さん、こちらにきて研究《けんきゅう》してはどうですか」という誘《さそ》いがきました。

「せっかくのチャンスだ！　アメリカにわたってみよう！」

奨学金《しょうがくきん》をもらって、渡米《とべい》することを決意《けつい》します。すぐにお見合《みあ》いをして結婚《けっこん》しました。

こうして一九六〇年《ねん》八月《がつ》、脩《おさむ》は氷川丸《ひかわまる》という大《おお》きな船《ふね》に乗《の》りこみ、いよいよアメリカに出発《しゅっぱつ》しました。

アメリカでの研究《けんきゅう》

アメリカに到着《とうちゃく》した脩《おさむ》は、プリンストン大学《だいがく》のジョンソン博士《はかせ》の研究室《けんきゅうしつ》に入《はい》りました。そこではじめたのが、オワンクラゲという緑色《みどりいろ》に光《ひか》るクラゲの研究《けんきゅう》です。

オワンクラゲがたくさん採《と》れるのは、大学《だいがく》がある東海岸《ひがしかいがん》とは反対側《はんたいがわ》の西海岸《にしかいがん》でした。大陸《たいりく》を横断《おうだん》して出《で》かけていき、何千匹《なんぜんびき》ものオワンクラゲを採《と》りました。

しかし、目《め》の粗《あら》い網《あみ》で採《と》るとクラゲの発光器《はっこうき》（発光《はっこう》する部分《ぶぶん》）を傷《きず》つけてしまうので、目《め》の細《こま》かい特別《とくべつ》な網《あみ》を使《つか》い、ジョンソン博士《はかせ》や研究室《けんきゅうしつ》の仲間《なかま》と、注意深《ちゅういぶか》く採取《さいしゅ》しました。発光器《はっこうき》だけを切《き》り取《と》って集《あつ》め、残《のこ》りは海《うみ》に捨《す》てます。

その材料《ざいりょう》を使《つか》って、実験《じっけん》をくりかえしましたが、いくらやっても、オワンクラゲから、ウミホタルのときのようなルシフェリンを見《み》つけることはできませんでした。

「おかしい。ルシフェリンとはまた別《べつ》の発光物質《はっこうぶっしつ》があるのかもしれない」

しかも、この実験《じっけん》にはむずかしい条件《じょうけん》がありました。

その物質《ぶっしつ》を発光《はっこう》させないよう気《き》をつけて抽出《ちゅうしゅつ》(取《と》り出《だ》すこと)しなければならないのです。発光《はっこう》すると、物質《ぶっしつ》が変化《へんか》してしまうからです。

「いったいどうやったら、光《ひか》らせずにすむんだろう」

昼《ひる》も夜《よる》も悩《なや》みました。ボートで沖《おき》に出《で》て、横《よこ》たわって波《なみ》にゆられ、一人《ひとり》でじっと考《かんが》えたこともありました。そうしたある日《ひ》、はっとひらめきました。

「酸性度《さんせいど》(溶液《ようえき》の酸性《さんせい》の程度《ていど》を示《しめ》す量《りょう》)を変《か》えてみてはどうだろう?」

実験室《じっけんしつ》に飛《と》んで帰《かえ》って試《ため》してみたところ、思《おも》った通《とお》りでした。酸性度《さんせいど》によって、光《ひか》ったり光《ひか》らなかったりします。

脩《おさむ》は、実験《じっけん》を終《お》え、いらなくなった発光物質《はっこうぶっしつ》の抽出液《ちゅうしゅつえき》を流《なが》しに捨《す》てました。

すると、そのとたん、流《なが》しがぱあっと青《あお》く光《ひか》ったのです!

そのとき流《なが》しには、研究室《けんきゅうしつ》の水槽《すいそう》の海水《かいすい》が捨《す》てられていました。

つまり、海水《かいすい》の中《なか》のカルシウムイオンと反応《はんのう》して、その発光物質《はっこうぶっしつ》は光《ひか》っていたのです。

これがヒントとなり、実験《じっけん》を進《すす》め、とうとう青《あお》く光《ひか》った発光物質《はっこうぶっしつ》を取《と》りだすことに成功《せいこう》しました。

この最初《さいしょ》に発見《はっけん》された発光《はっこう》タンパク質《しつ》は、一九六二年《ねん》、「イクオリン」と名付《なづ》けられ注目《ちゅうもく》されました。

「でも、イクオリンは青《あお》く光《ひか》ったのに、なぜオワンクラゲは海《うみ》の中《なか》で緑《みどり》に光《ひか》るんだろう？　いったいどんなしくみで、発光《はっこう》しているんだろう？」

研究《けんきゅう》は、まだまだ続《つづ》けられました。

クラゲを採《と》る日《ひ》は、朝《あさ》から晩《ばん》まで十五時間《じかん》も働《はたら》きました。研究室《けんきゅうしつ》はまるで「クラゲ工場《こうじょう》」のような状態《じょうたい》になりました。

そしてとうとう、発光《はっこう》のくわしいしくみが明《あき》らかになりました。

オワンクラゲから、イクオリンと同時《どうじ》に発見《はっけん》されていた「緑色蛍光《りょくしょくけいこう》タンパク質《しつ》（GFP《ジーエフピー》）」が、光《ひかり》を緑色《みどりいろ》にしていることもわかりました。

紫外線《しがいせん》を当《あ》てただけで光《ひか》るこの「緑色蛍光《りょくしょくけいこう》タンパク質《しつ》（GFP《ジーエフピー》）」こそ、たいへん貴重《きちょう》な物質《ぶっしつ》でした。

医学《いがく》での応用《おうよう》へ

緑色蛍光《りょくしょくけいこう》タンパク質《しつ》（GFP《ジーエフピー》）は、発見《はっけん》された当初《とうしょ》は、特《とく》に使《つか》い道《みち》もなく、高《たか》く評価《ひょうか》されることはありませんでした。

しかし約三十年後《やくさんじゅうねんご》、アメリカ、コロンビア大学《だいがく》のマーティン・チャルフィー教授《きょうじゅ》や、カリフォルニア大学《だいがく》のロジャー・チエン教授《きょうじゅ》が、このタンパク質《しつ》を生物《せいぶつ》の体《からだ》に入《い》れ、医学《いがく》で応用《おうよう》する方法《ほうほう》をあみだし、突然脚光《とつぜんきゃっこう》を浴《あ》びました。

生《い》きている細胞《さいぼう》に組《く》みこんで光《ひか》らせたり、緑色以外《りょくしょくいがい》の色《いろ》に光《ひか》らせたりすることに成功《せいこう》したからです。

たとえば、ガン患者《かんじゃ》のガン細胞《さいぼう》に入《い》れて目印《めじるし》として使《つか》うと、その細胞《さいぼう》が体《からだ》の別《べつ》の部分《ぶぶん》に転移《てんい》したとき、どこに移《うつ》ったのかわかります。手術《しゅじゅつ》で取《と》りのぞく際《さい》にも、どこを切《き》ればいいのかわかります。

こうして下村脩《しもむらおさむ》は、二〇〇八年《ねん》、ノーベル化学賞《かがくしょう》を、チャルフィー教授《きょうじゅ》、チェン教授《きょうじゅ》と共同受賞《きょうどうじゅしょう》しました。

これまで研究《けんきゅう》のために採取《さいしゅ》したクラゲの数《かず》は、八十五万匹《まんびき》にのぼります。まさに、クラゲと共《とも》に歩《あゆ》んだ研究生活《けんきゅうせいかつ》です。

脩《おさむ》は現在《げんざい》もアメリカで研究《けんきゅう》を続《つづ》けています。

今《いま》や、医学《いがく》や生物学《せいぶつがく》の研究《けんきゅう》で、「緑色蛍光《りょくしょくけいこう》タンパク質《しつ》（GFP《ジーエフピー》）」は、なくてはならないものになり、これからも利用《りよう》が期待《きたい》されています。

「再生医療《さいせいいりょう》」にも役立《やくだ》つ
ことが期待《きたい》される
iPS《アイピーエス》細胞《さいぼう》を研究《けんきゅう》

山中伸弥《やまなかしんや》

1962年《ねん》9月《がつ》4日《か》〜

2012年《ねん》　ノーベル生理学《せいりがく》・医学賞《いがくしょう》

山中伸弥《やまなかしんや》は、iPS細胞《アイピーエスさいぼう》という、いろいろな細胞《さいぼう》に変化《へんか》する
人工的《じんこうてき》な細胞《さいぼう》を作《つく》りだすことに成功《せいこう》した人《ひと》です。

柔道《じゅうどう》に打《う》ちこんだ少年時代《しょうねんじだい》

山中伸弥《やまなかしんや》は、一九六二年《ねん》、大阪府《おおさかふ》で生《う》まれました。子《こ》どものころは、好奇心旺盛《こうきしんおうせい》で元気《げんき》な男《おとこ》の子《こ》でした。

機械《きかい》が好《す》きで、時計《とけい》やラジオをバラバラに分解《ぶんかい》しては元《もと》にもどせなくなり、お母《かあ》さんによくしかられました。科学雑誌《かがくざっし》の付録《ふろく》のアルコールランプを倒《たお》し、火事《かじ》を出《だ》しそうになって怒《おこ》られたこともありました。

中学高校《ちゅうがくこうこう》では、数学《すうがく》と物理《ぶつり》が好《す》きでしたが、柔道《じゅうどう》にも打《う》ちこみました。

高校《こうこう》では、何人《なんにん》かの先生《せんせい》に、こういわれました。

「勉強《べんきょう》ができるだけじゃダメだ。なんでもできるスーパーマンになれ！」

その教《おし》えの通《とお》り、文武両道《ぶんぶりょうどう》の人間《にんげん》になりたいと思《おも》っていました。

ところがあるとき、柔道《じゅうどう》で連日《れんじつ》の試合《しあい》に疲《つか》れはて、友《とも》だちの試合《しあい》の応援《おうえん》に行《い》かなかったことがありました。

すると、顧問《こもん》の先生《せんせい》から、きつく怒《おこ》られてしまいました。

「いったいなんのためにいっしょに柔道《じゅうどう》をやってきたんや！」

このときは、さすがに猛反省《もうはんせい》しました。

「自分《じぶん》のことしか考《かんが》えないなんて、たしかに最低《さいてい》だ……」

やがて、大学《だいがく》に進学《しんがく》する時期《じき》がやってきます。お父《とう》さんは、ミシンの部品工場《ぶひんこうじょう》を経営《けいえい》していましたが、浮《う》き沈《しず》みがはげしく、息子《むすこ》には、もっと安定《あんてい》した収入《しゅうにゅう》のある医者《いしゃ》になれといいました。

「科学《かがく》の道《みち》に進《すす》もうか。それとも医者《いしゃ》になろうか……」

迷《まよ》いましたが、徳田虎雄《とくだとらお》という医師《いし》が、どんな患者《かんじゃ》も貧富《ひんぷ》の差《さ》に関係《かんけい》なく平等《びょうどう》に受《う》け入《い》れる病院《びょういん》を作《つく》った話《はなし》に感銘《かんめい》を受《う》け、医者《いしゃ》の道《みち》を目《め》ざしました。

「浪人《ろうにん》したら、親《おや》に迷惑《めいわく》をかける。がんばって勉強《べんきょう》して一発《いっぱつ》で合格《ごうかく》しよう！」

そう決《き》めて、猛勉強《もうべんきょう》をし、神戸大学医学部《こうべだいがくいがくぶ》に現役《げんえき》で入学《にゅうがく》しました。

大学《だいがく》では柔道《じゅうどう》に加《くわ》え、ラグビーをやりました。

子《こ》ども時代《じだい》から、よく骨折《こっせつ》して整形外科《せいけいげか》のお世話《せわ》になったので、自分《じぶん》も整形外科《せいけいげか》の医師《いし》になろうと思《おも》いました。

ジャマナカといわれて

医学部《いがくぶ》を卒業《そつぎょう》した一九八七年《ねん》、整形外科《せいけいげか》の研修医《けんしゅうい》として国立大阪病院《こくりつおおさかびょういん》に勤務《きんむ》することになりました。

しかし、そこで医者《いしゃ》としての壁《かべ》にぶつかってしまったのです。

整形外科医《せいけいげかい》の大事《だいじ》な仕事《しごと》は手術《しゅじゅつ》ですが、なかなかうまくできません。うまい医者《いしゃ》なら二十分《ぷん》で終《お》わる手術《しゅじゅつ》に、二時間《じかん》もかかってしまったこともありました。

指導《しどう》する先輩《せんぱい》の医者《いしゃ》からは「おまえは、邪魔《じゃま》や。ジャマナカや」と、二年間《ねんかん》ずっといわれつづけました。

「ぼくは、整形外科医《せいけいげかい》には向《む》いていないのかもしれない……」

しかも、その病院《びょういん》で働《はたら》くうち、当時《とうじ》の医療《いりょう》ではどうしても治《なお》せない重《おも》い病気《びょうき》があることも、思《おも》い知《し》らされました。

リウマチによって、関節《かんせつ》が変形《へんけい》してしまった女性《じょせい》。骨肉腫《こつにくしゅ》という骨《ほね》のガンになり、太《ふと》ももから下《した》を切断《せつだん》した高校生《こうこうせい》の男《おとこ》の子《こ》。事故《じこ》で脊髄《せきずい》（背骨《せぼね》の中《なか》にある神経《しんけい》）を損傷《そんしょう》し、一生《いっしょう》寝《ね》たきりの生活《せいかつ》になってしまった人《ひと》……。

研修医《けんしゅうい》になるまでは、重《おも》い病気《びょうき》やケガの人《ひと》に出会《であ》う機会《きかい》はありませんでしたが、苦《くる》しんでいるその姿《すがた》を目《ま》の当《あ》たりにして、大《おお》きな衝撃《しょうげき》を受《う》けました。

「難病《なんびょう》で苦《くる》しむ人《ひと》たちを救《すく》いたい。そんな医学《いがく》の研究《けんきゅう》がしたい」

そう思《おも》いなおし、整形外科医《せいけいげかい》から、病気《びょうき》の治《なお》し方《かた》を研究《けんきゅう》する研究者《けんきゅうしゃ》へ、進路《しんろ》を変更《へんこう》することにしました。

大阪市立大学大学院《おおさかしりつだいがくだいがくいん》を受験《じゅけん》しました。それまで、受験《じゅけん》した薬理学《やくりがく》（薬《くすり》を投与《とうよ》したとき体《からだ》に起《お》こる変化《へんか》を研究《けんきゅう》する学問《がくもん》）は、ほとんど勉強《べんきょう》してこなかったので、面接試験《めんせつしけん》では、うまく答《こた》えられませんでした。そこで、やけになって、こう叫《さけ》びました。

「薬理《やくり》のことは何《なに》もわかりません。でも、研究《けんきゅう》したいんです！　通《とお》してください！」

こうして大学院《だいがくいん》に進《すす》むことができましたが、後《あと》で聞《き》いたら、面接官《めんせつかん》の先生《せんせい》に「面接《めんせつ》で叫《さけ》ばなかったら、落《お》としてたよ」といわれてしまいました。

研究者《けんきゅうしゃ》としての悩《なや》み

こうして、大学院《だいがくいん》での薬理学《やくりがく》の研究《けんきゅう》がはじまりました。予想《よそう》と違《ちが》う実験結果《じっけんけっか》が出《で》て思《おも》いもよらない新《あたら》しい発見《はっけん》があると、興奮《こうふん》してワクワクしてきます。自分《じぶん》は研究者《けんきゅうしゃ》に向《む》いていると、改《あらた》めて気《き》づきました。

しかし、大学院《だいがくいん》を卒業《そつぎょう》した後《あと》、研究《けんきゅう》を続《つづ》けようとして悩《なや》んでしまいました。伸弥《しんや》が勉強《べんきょう》したい分野《ぶんや》をあつかっている大学《だいがく》は、日本《にほん》にほとんどなかったからです。こうなると、海《かい》外《がい》に留学《りゅうがく》するしかありません。

「いったいどこなら、研究《けんきゅう》を続《つづ》けられるだろうか」

あちこちの研究員《けんきゅういん》の職《しょく》に応募《おうぼ》し、一九九三年《ねん》、アメリカのカリフォルニア大学《だいがく》の、グラッドストーン研究所《けんきゅうじょ》に採用《さいよう》されました。

「よし！　ここでしっかり勉強《べんきょう》してこよう！」

アメリカにわたり、出会《であ》ったのが、万能細胞《ばんのうさいぼう》です。

わたしたちの体《からだ》は、目《め》に見《み》えないほど小《ち》さい、たくさんの細胞《さいぼう》からできています。もし、人体《じんたい》のいろいろな細胞《さいぼう》に変化《へんか》させられる万能細胞《ばんのうさいぼう》を作《つく》ることができれば、病気《びょうき》やケガをした人《ひと》たちを、救《すく》うことができるかもしれません。

一生懸命《いっしょうけんめい》研究《けんきゅう》を続《つづ》けて、約《やく》三年後《ねんご》日本《にほん》にもどり、大阪市立大学《おおさかしりつだいがく》の助手《じょしゅ》となりました。とところがそのとたん、気持《きも》ちが落《お》ちこんでしまいました。

アメリカとちがい、実験《じっけん》に使《つか》うネズミの世話《せわ》などもすべて自分《じぶん》でやらなければならず、思《おも》うような研究《けんきゅう》ができませんでした。また、周《まわ》りの研究員《けんきゅういん》から研究内容《けんきゅうないよう》に理解《りかい》が得《え》られず「そんな研究《けんきゅう》より、もっと医学《いがく》に役立《やくだ》つことをやったら？」

といわれてしまったこともありました。

実験用《じっけんよう》のネズミの世話《せわ》に、ただただあけくれる日々《ひび》が続《つづ》きました。

「このままずっと、こんな生活《せいかつ》を続《つづ》けていくのだろうか。やっぱりもう研究者《けんきゅうしゃ》はやめて、医者《いしゃ》の仕事《しごと》にもどろうかな……」

真《ま》っ暗《くら》な気持《きも》ちの中《なか》、どうせだめだろうとほかの職場《しょくば》に応募《おうぼ》しました。

すると運《うん》よく、一九九九年《ねん》、奈良先端科学技術大学院大学《ならせんたんかがくぎじゅつだいがくいんだいがく》の助教授《じょきょうじゅ》（現在《げんざい》の准教授《じゅんきょうじゅ》）に採用《さいよう》されました。

この職場《しょくば》では、独立《どくりつ》した研究室《けんきゅうしつ》を持《も》つことができ、集《あつ》まってきたメンバーと研究《けんきゅう》に専念《せんねん》できる雰囲気《ふんいき》がありました。

しかしまだ、研究資金《けんきゅうしきん》が足《た》りません。

そこで、研究費支援《けんきゅうひしえん》プログラムに応募《おうぼ》しました。けれども今度《こんど》は「とてもできそうにない研究《けんきゅう》テーマだ」という理由《りゆう》で落《お》とされそうになってしまいました。

そこへ手《て》を差《さ》しのべたのが、審査《しんさ》の責任者《せきにんしゃ》の大学教授《だいがくきょうじゅ》でした。

「そんなにやる気《き》があるなら、がんばって挑戦《ちょうせん》してみなさい」

若《わか》い研究者《けんきゅうしゃ》の迫力《はくりょく》に感心《かんしん》し、研究費《けんきゅうひ》の支援《しえん》を許《ゆる》してくれたのです。

いよいよ本格的《ほんかくてき》な万能細胞《ばんのうさいぼう》の研究《けんきゅう》のスタートです！

伸弥《しんや》は、皮膚《ひふ》の細胞《さいぼう》から万能細胞《ばんのうさいぼう》を作《つく》りだせないかと考《かんが》えていました。

そのために、ぼうだいな数《かず》の遺伝子《いでんし》（細胞《さいぼう》の中《なか》にあり、遺伝情報《いでんじょうほう》を決《き》めるもの）のうち、何《なに》が役立《やくだ》つのか実験《じっけん》をくりかえし、候補《こうほ》となる遺伝子《いでんし》をしぼりこんでいったのです。

すると、二十四個《こ》の遺伝子《いでんし》が残《のこ》りました。

iPS《アイピーエス》細胞《さいぼう》を作《つく》ることに成功《せいこう》！

二〇〇四年《ねん》には、京都大学《きょうとだいがく》の研究所《けんきゅうじょ》に移《うつ》りました。二十四個《こ》の遺伝子《いでんし》を使《つか》い、実験《じっけん》を続《つづ》けます。

するとある日《ひ》、いっしょに研究《けんきゅう》を行《おこな》っていた研究員《けんきゅういん》が、こう提案《ていあん》してくれました。

「とりあえず二十四個《こ》の遺伝子《いでんし》全部《ぜんぶ》を入《い》れて実験《じっけん》してみましょう」

「え？　一《ひと》つずつじゃなくて、全部《ぜんぶ》？」

しかし、試《ため》してみると、なんと細胞《さいぼう》が、予想通《よそうどお》りにうまく変化《へんか》したのです。

ということは、たしかにこの中《なか》に、細胞《さいぼう》にうまく作用《さよう》する遺伝子《いでんし》があることになります。

ではいったいどうやって、その中《なか》から、目的《もくてき》の遺伝子《いでんし》を見《み》つけだすことができるのでしょう？　するとその研究員《けんきゅういん》はいいました。

「二十四個《こ》のうち、一個《こ》をぬいて入《い》れてみて、もしダメだったら、その遺伝子《いでんし》こそ、大事《だいじ》なものだということになります」

「なるほど！」

こうして実験《じっけん》をくりかえすと、最後《さいご》に四個《こ》の遺伝子《いでんし》が残《のこ》りました。

これこそ、万能細胞《ばんのうさいぼう》を作《つく》るカギとなる遺伝子《いでんし》だったのです。

こうして、二〇〇六年《ねん》、とうとう、マウスの皮膚細胞《ひふさいぼう》から万能細胞《ばんのうさいぼう》を作《つく》ることに成功《せいこう》した、という論文《ろんぶん》が世界《せかい》に発表《はっぴょう》されました。

伸弥《しんや》は、この万能細胞《ばんのうさいぼう》をｉＰＳ細胞《アイピーエスさいぼう》（人工多能性幹細胞《じんこうたのうせいかんさいぼう》）と名《な》づけました。

やがて、人《ひと》の皮膚《ひふ》の細胞《さいぼう》からｉＰＳ細胞《アイピーエスさいぼう》を作《つく》ることにも成功《せいこう》し、その論文《ろんぶん》も発表《はっぴょう》しました。このときは、同《おな》じような研究《けんきゅう》をしているアメリカの学者《がくしゃ》と、どちらが先《さき》に発表《はっぴょう》するかの競争《きょうそう》でしたが、同《おな》じ日《ひ》の発表《はっぴょう》となりました。

こうして、山中伸弥《やまなかしんや》は、二〇一二年《ねん》、ノーベル生理学《せいりがく》・医学賞《いがくしょう》を受賞《じゅしょう》しました。共同受賞《きょうどうじゅしょう》したのは、万能細胞《ばんのうさいぼう》の基《もと》となる研究《けんきゅう》をした、イギリス、ケンブリッジ大学《だいがく》のジョン・ガードン博士《はかせ》です。

伸弥《しんや》は、スウェーデン大使《たいし》に「ノーベル賞《しょう》おめでとう」といわれ、「今度《こんど》はノーベル文学賞《ぶんがくしょう》を目指《めざ》します」と、ちゃめっけたっぷりに答《こた》えました。

それに対《たい》して、「ノーベル平和賞《へいわしょう》もありますよ」と答《こた》えた大使《たいし》も、さすがでした。

晴《は》れがましい授賞式《じゅしょうしき》が終《お》わると、伸弥《しんや》は、

「ノーベル賞《しょう》は過去《かこ》のこと。メダルは大切《たいせつ》にしまい、もう見《み》ることもないと思《おも》う。今後《こんご》は科学者《かがくしゃ》としてすべきことをしたい」

と、今後《こんご》の研究《けんきゅう》への意欲《いよく》を語《かた》りました。

これから先《さき》iPS《アイピーエス》細胞《さいぼう》は、病気《びょうき》やケガなどによって失《うしな》われてしまった機能《きのう》を回復《かいふく》させる「再生医療《さいせいいりょう》」や難病《なんびょう》の薬《くすり》をつくることに役立《やくだ》つことが期待《きたい》されています。

しかしそのためには、研究者《けんきゅうしゃ》の数《かず》をさらに増《ふ》やし、安全性《あんぜんせい》をよくよく確《たし》かめた後《あと》、患者《かんじゃ》の治療《ちりょう》に使《つか》わなければなりません。

そして、研究《けんきゅう》をすすめ、医療《いりょう》への応用《おうよう》を実現《じつげん》するには、資金《しきん》が必要《ひつよう》なのです。

そこで伸弥《しんや》は、こんなことも考《かんが》えました。

「自分《じぶん》がマラソンで完走《かんそう》することを条件《じょうけん》に、インターネットで寄付《きふ》をつのろう！」

こうして毎回《まいかい》見事《みごと》走《はし》りぬき、寄付《きふ》を集《あつ》めています。

多《おお》くの難病《なんびょう》の患者《かんじゃ》にとって、生《い》きる希望《きぼう》となっているiPS《アイピーエス》細胞《さいぼう》の実用化《じつようか》。山中伸弥《やまなかしんや》たち研究者《けんきゅうしゃ》は、その人《ひと》たちの思《おも》いを胸《むね》に、今日《きょう》も研究《けんきゅう》を続《つづ》けるのでした。

銃撃《じゅうげき》されても女子《じょし》の教育《きょういく》の大切《たいせつ》さをうったえる

マララ・ユスフザイ

1997年《ねん》7月《がつ》12日《にち》〜

2014年《ねん》　ノーベル平和賞《へいわしょう》

マララ・ユスフザイは、銃撃《じゅうげき》を受《う》けながらも、女子《じょし》が教育《きょういく》を受《う》ける権利《けんり》を世界《せかい》にうったえつづけ、史上最年少《しじょうさいねんしょう》でノーベル平和賞《へいわしょう》を受賞《じゅしょう》しました。

お父《とう》さんの学校《がっこう》へ

マララ・ユスフザイは、パキスタンの北部《ほくぶ》、山岳地帯《さんがくちたい》のスワート地区《ちく》で生《う》まれました。高《たか》い山々《やまやま》のふもとにある町《まち》は、空気《くうき》が澄《す》み、春《はる》になれば可憐《かれん》な花《はな》が咲《さ》き乱《みだ》れる、自然《しぜん》が豊《ゆた》かな所《ところ》でした。

パキスタンは、インドの西《にし》にある国《くに》で、多《おお》くの人《ひと》がイスラム教《きょう》を信《しん》じています。イスラム教《きょう》では、女性《じょせい》は男性《だんせい》が家《いえ》で保護《ほご》すべきものとされています。宗派《しゅうは》によって程度《ていど》はちがいますが、女性《じょせい》が外出《がいしゅつ》するときは、なるべく布《ぬの》で体《からだ》をおおい、肌《はだ》を見《み》せないようにしなければなりません。

マララが住《す》んでいたのは、特《とく》に保守的《ほしゅてき》な地域《ちいき》でした。女性《じょせい》は、男性《だんせい》のつきそいがないと、一人《ひとり》で外出《がいしゅつ》することもできません。そのため近所《きんじょ》には、学校《がっこう》に行《い》かない女性《じょせい》も、たくさんいました。

女性《じょせい》は差別《さべつ》され、女《おんな》の子《こ》が生《う》まれても、「おめでとう」とは、なかなかいってもらえない土地柄《とちがら》でした。

しかし、マララのお父《とう》さんはちがいました。大喜《おおよろこ》びでこういいました。

「なんてかわいい子《こ》なんだろう！　そうだ！　この子《こ》には、マラライにちなんで、マララという名前《なまえ》をつけよう！」

マラライは、パキスタンのとなりの国《くに》アフガニスタンがイギリスと戦争《せんそう》したとき、兵士《へいし》たちをはげまし、勝利《しょうり》に導《みちび》いたとされる有名《ゆうめい》な少女《しょうじょ》でした。マララと同《おな》じパシュトゥン人《じん》(アフガニスタンやパキスタンなどに住《す》む民族《みんぞく》）です。

学校《がっこう》を経営《けいえい》していたマララのお父《とう》さんは、進《すす》んだ考《かんが》えを持《も》っていて、やがて娘《むすめ》が学校《がっこう》に入《はい》る年齢《ねんれい》になるとこういいました。

「パキスタンをよくするためには、すべての国民《こくみん》が学校《がっこう》に通《かよ》えるようにすべきだ。男《おとこ》だろうが女《おんな》だろうが関係《かんけい》ない」

そして、愛《あい》する娘《むすめ》マララにも、自分《じぶん》の学校《がっこう》に通《かよ》ってしっかり勉強《べんきょう》するように勧《すす》めました。

マララは、学校《がっこう》の勉強《べんきょう》や弁論大会《べんろんたいかい》では、いつも一番《ばん》を目《め》ざしてがんばりました。

しかし、いつもいい子《こ》でいたわけではありません。

弟《おとうと》とケンカをして、泣《な》かせてしまったこともありました。

やってきたタリバン

ところが二〇〇七年《ねん》、マララが十歳《さい》のとき、タリバンがスワート地区《ちく》にやってきました。

タリバンは、イスラム教《きょう》を信《しん》じる人《ひと》たちの中《なか》でも特別《とくべつ》な、過激派《かげきは》といわれる組織《そしき》です。過激派組織《かげきはそしき》は、自分《じぶん》たちの信《しん》じる思想《しそう》を実現《じつげん》するためには、暴力《ぼうりょく》もいといません。

タリバンの男《おとこ》たちは、黒《くろ》いターバンを巻《ま》き、機関銃《きかんじゅう》をかまえています。つけているバッジには「イスラム法《ほう》を守《まも》らない者《もの》に苦難《くなん》あれ」と書《か》いてあります。

イスラム教《きょう》の教《おし》えをきびしく守《まも》るべきだと信《しん》じ、音楽《おんがく》や踊《おど》りを禁止《きんし》し、男《おとこ》はあごひげをはやせ、女性《じょせい》は学校《がっこう》に行《い》くなといいます。仏教《ぶっきょう》の仏像《ぶつぞう》を、片《かた》っ端《ぱし》から破壊《はかい》します。

タリバンは、自分《じぶん》たちの考《かんが》えに従《したが》わない人《ひと》たちを、殺《ころ》したり、みんなの前《まえ》でむち打《う》ちにしたりしました。タリバンをおそれた人《ひと》たちは、音楽《おんがく》などの娯楽《ごらく》を楽《たの》しんでいないことを見《み》せようと、CD《シーディー》やDVD《ディーブイディー》を家《いえ》から出《だ》して燃《も》やしました。

マララの学校《がっこう》も、女《おんな》の子《こ》に勉強《べんきょう》を教《おし》えていたため、タリバンに目《め》をつけられてしまいました。

もしおそわれたらどうしようと、マララはこわくなり、制服《せいふく》が一時《いっとき》着《き》られなくなりました。

た。学校《がっこう》のカバンや教科書《きょうかしょ》は、なるべく人目《ひとめ》につかないように、ショールでかくして登校《とうこう》しました。

それでも、勉強《べんきょう》は大好《だいす》きでした。マララは将来《しょうらい》、お医者《いしゃ》さんなど、世《よ》の中《なか》の役《やく》に立《た》つ人《ひと》になりたいと思《おも》っていたからです。

運《うん》よくマララの学校《がっこう》は無事《ぶじ》でしたが、その後《ご》もタリバンによって、多《おお》くの学校《がっこう》が、無残《むざん》に破壊《はかい》されました。

タリバンが地区《ちく》を支配《しはい》した時期《じき》は、毎日《まいにち》のようにどこかで人《ひと》が殺《ころ》され、マララはつらくてたまりませんでした。

「二十一世紀《せいき》にもなって、どうしてこんなにひどいことが！　でもわたしたちの学校《がっこう》に通《かよ》いたいという気持《きも》ちは、だれにも止《と》められない！」

学校《がっこう》に行《い》くことを制限《せいげん》されて、マララは教育《きょういく》を受《う》けられることのありがたさを、改《あらた》めて感《かん》じたのでした。

ブログで世界《せかい》にうったえる

　そんな中《なか》、マララは十一歳《さい》のときから、お父《とう》さんの友《とも》だちの紹介《しょうかい》で、BBC《ビービーシー》（イギリス国営放送《こくえいほうそう》）のブログに記事《きじ》を書《か》いていました。

「グル・マカイ」というペンネームで投稿《とうこう》していました。もし本名《ほんみょう》がわかったら、タリバンにねらわれてしまうからです。

「学校《がっこう》に行《い》くのがこわくてたまりません。でもわたしたちは、勉強《べんきょう》したいんです！　教育《きょういく》を受《う》ける権利《けんり》が、奪《うば》われているんです！」

　アメリカのニューヨークタイムズからも取材《しゅざい》を受《う》け、マララの日常《にちじょう》やうったえを収《おさ》めたドキュメンタリー映像《えいぞう》が、世界《せかい》に発信《はっしん》されました。

「……タリバンのやり方《かた》はひどすぎる！」

　世界《せかい》の人《ひと》びとは、マララのブログや映像《えいぞう》を通《とお》し、タリバンに支配《しはい》されている地域《ちいき》の女性《じょせい》がおかれているきびしい状況《じょうきょう》を知《し》り、気《き》の毒《どく》だと同情《どうじょう》しました。

　マララの国《くに》パキスタンの政府《せいふ》も、タリバンを制圧《せいあつ》しようと戦《たたか》っていました。二〇〇九年《ねん》、政府軍《せいふぐん》に攻撃《こうげき》されたタリバンは、とうとうスワート地区《ちく》から出《で》ていきました。

「やっと安心《あんしん》して暮《く》らせる日《ひ》がやってきた！」

パキスタン政府《せいふ》は、マララの本名《ほんみょう》を公開《こうかい》し、十八歳未満《さいみまん》の子《こ》に与《あた》えられる国民平和賞《こくみんへいわしょう》を授与《じゅよ》しました。マララは、教育《きょういく》の祭典《さいてん》でスピーチをし、自分《じぶん》たちスワート地区《ちく》の女《おんな》の子《こ》が、タリバンをおそれず教育《きょういく》を受《う》けつづけたことを話《はな》しました。

「自分《じぶん》の権利《けんり》のためには、恐《おそ》れずに声《こえ》をあげるべきです！」

マララは、女子《じょし》の教育《きょういく》の必要性《ひつようせい》をうったえる少女《しょうじょ》として、すっかり有名《ゆうめい》になったのです。

ところが、まだスワート地区《ちく》の近《ちか》くにひそむタリバンは、そんなマララのことをよく思《おも》っていませんでした。

とうとうインターネットで、マララを殺害《さつがい》すると予告《よこく》したのです。

血《ち》まみれのスクールバス

「……怖《こわ》い。わたしを殺《ころ》す、ですって？」

マララは、タリバンの予告《よこく》を受《う》け、いつも気《き》をつけて行動《こうどう》するようになりました。家《いえ》のカギがかかっていることを確《たし》かめないと、こわくて夜《よる》も寝《ね》られません。

二〇一二年《ねん》十月《がつ》九日《か》のことです。マララは、十五歳《さい》になっていました。

その日《ひ》マララは、学校《がっこう》を終《お》えると、親友《しんゆう》のモニバたちとスクールバスに乗《の》りこみました。

ところが、バスが走《はし》りだすと、あごひげをはやした若者《わかもの》が手《て》をふって止《と》めました。

そして、バスの後《うし》ろのホロ布《ぬの》をはねあげ、こういったのです。

「どの子《こ》が、マララだ？」

何人《なんにん》かが、マララの方《ほう》を見《み》てしまいました。そのとたん。

パーン！　銃弾《じゅうだん》が、マララの目《め》の横《よこ》に撃《う》ちこまれたのです。

マララは、モニバの上《うえ》に倒《たお》れこみました。

大急《おおいそ》ぎで病院《びょういん》に運《はこ》ばれましたが、銃弾《じゅうだん》が脳《のう》のすぐ近《ちか》くを通《とお》っていて重症《じゅうしょう》です。

友《とも》だち二人《ふたり》も撃《う》たれましたが、幸《さいわ》い命《いのち》は無事《ぶじ》でした。

マララは何度《なんど》か手術《しゅじゅつ》を受《う》けましたが、お医者《いしゃ》さんたちが話《はな》しあい、飛行機《ひこうき》でイギリスに運《はこ》ばれ、さらに治療《ちりょう》を続《つづ》けることになりました。

生死《せいし》の境《さかい》をさまよいましたが、大《おお》ぜいの人《ひと》の尽力《じんりょく》で、命《いのち》をとりとめることができました。

マララは気《き》がついたとき、どうして自分《じぶん》がイギリスにいるのかわかりませんでした。

「……ここはどこの国《くに》？」

「……よかった！　マララが、気《き》がついた」

少《すこ》ししてお父《とう》さんたち家族《かぞく》も、マララの後《あと》を追《お》ってイギリスにやってきてくれました。

全《ぜん》世《せ》界《かい》を感《かん》動《どう》させたスピーチ

マララが襲撃《しゅうげき》されたニュースは、世界《せかい》に広《ひろ》まり、たくさんの人《ひと》がマララを心配《しんぱい》し、病院《びょういん》には、八千通《せんつう》ものお見舞《みま》いのカードが届《とど》けられました。

退院《たいいん》して元気《げんき》になったマララは、家族《かぞく》と共《とも》にイギリスで暮《く》らしはじめました。

もしパキスタンにもどったら、また命《いのち》をねらわれてしまいます。

イギリスの学校《がっこう》に通《かよ》い、勉強《べんきょう》をつづけることになりました。

国際連合《こくさいれんごう》は、マララの勇気《ゆうき》をたたえて、マララの誕生日《たんじょうび》の七月《がつ》十二日《にち》を「マララ・デー」に決《き》めました。タリバンを恐《おそ》れず、教育《きょういく》を受《う》ける権利《けんり》を主張《しゅちょう》しつづけたからです。

二〇一三年《ねん》七月《がつ》十二日《にち》、マララは十六歳《さい》の誕生日《たんじょうび》に、アメリカ、ニューヨークの国際連《こくさいれん》合本部《ごうほんぶ》で演説《えんぜつ》しました。

「タリバンはわたしの額《ひたい》の左側《ひだりがわ》を撃《う》ちました。銃弾《じゅうだん》でわたしたちを黙《だま》らせようと考《かんが》えました。でもそれは失敗《しっぱい》でした。

テロリストたちは、わたしにあきらめさせ、わたしの志《こころざし》を止《と》めようと考《かんが》えました。しかし、わたしの人生《じんせい》で変《か》わったものは何《なに》もないのです。むしろ、弱《よわ》さ、恐怖《きょうふ》、絶望《ぜつぼう》が消《き》えました。そして強《つよ》さ、力《ちから》、勇気《ゆうき》が生《う》まれました。

子《こ》どもたちの明《あか》るい未来《みらい》のためには、勉強《べんきょう》と学校《がっこう》が必要《ひつよう》です。

無学《むがく》、貧困《ひんこん》、そしてテロリズムと闘《たたか》いましょう。本《ほん》とペンを手《て》に取《と》りましょう。

一人《ひとり》の子《こ》ども、一人《ひとり》の教師《きょうし》、一本《ぽん》のペン、一冊《さつ》の本《ほん》、それが世界《せかい》を変《か》えるのです！」

マララの、きっぱりと迷《まよ》いのない演説《えんぜつ》は、全世界《ぜんせかい》に感動《かんどう》を与《あた》えました。

翌《よく》二〇一四年《ねん》、マララは史上最年少《しじょうさいねんしょう》の十七歳《さい》でノーベル平和賞《へいわしょう》を受賞《じゅしょう》しました。

同時《どうじ》に平和賞《へいわしょう》を受賞《じゅしょう》したのは、インドで子《こ》どもの権利《けんり》のために活動《かつどう》しているカイラシュ・サティーアーティ氏《し》です。

マララは、受賞《じゅしょう》のスピーチでこう語《かた》りました。

「なぜ戦車《せんしゃ》を作《つく》るのは簡単《かんたん》なのに、学校《がっこう》を作《つく》ることはむずかしいのでしょう？　子《こ》どもたちが学校《がっこう》に行《い》けなかったり、子《こ》ども時代《じだい》が台《だい》なしにされたり、人《ひと》の能力《のうりょく》が無駄《むだ》にされたりすることは、わたしたちの世代《せだい》でもう終《お》わりにしなければなりません！」

世界《せかい》にはまだ、女性《じょせい》であるがために学校《がっこう》に通《かよ》えない子《こ》どもが、何千万人《なんぜんまんにん》もいるといわれています。

マララの力強《ちからづよ》い発言《はつげん》は、世界中《せかいじゅう》の女性《じょせい》を、今《いま》も勇気《ゆうき》づけているのでした。

土《つち》の中《なか》の微生物《びせいぶつ》を調《しら》べて
アフリカの人《ひと》たちを
救《すく》った

大村智《おおむらさとし》

1935年《ねん》7月《がつ》12日《にち》〜

2015年《ねん》
ノーベル生理学《せいりがく》・医学賞《いがくしょう》

寄生虫《きせいちゅう》は、生《い》き物《もの》の体《からだ》にもぐりこんで増《ふ》え、いろいろな病気《びょうき》の原因《げんいん》になります。大村智《おおむらさとし》は、土《つち》の中《なか》の微生物《びせいぶつ》から寄生虫《きせいちゅう》に効《き》く薬《くすり》を発見《はっけん》・開発《かいはつ》し、多《おお》くの人《ひと》びとを救《すく》いました。

土《つち》に親《した》しんだ子《こ》ども時代《じだい》

大村智《おおむらさとし》は、一九三五年《ねん》、山梨県《やまなしけん》の農家《のうか》に生《う》まれました。

山々《やまやま》に囲《かこ》まれた甲府盆地《こうふぼんち》は、自然豊《しぜんゆた》かなところです。智《さとし》は、近所《きんじょ》でも有名《ゆうめい》なガキ大将《だいしょう》でしたが、外《そと》での遊《あそ》びや、家《いえ》の手伝《てつだ》いを通《とお》し、動植物《どうしょくぶつ》や土《つち》に親《した》しんでいきました。

五人《にん》の兄弟姉妹《きょうだいしまい》の長男《ちょうなん》で、家《いえ》の農業《のうぎょう》をよく手伝《てつだ》いました。小学校《しょうがっこう》に行《い》く日《ひ》も、朝登校《あさとうこう》する時間《じかん》ぎりぎりまで畑《はたけ》で働《はたら》きました。中学生《ちゅうがくせい》になっても、農業《のうぎょう》がいそがしい時期《じき》は、学校《がっこう》を休《やす》んで働《はたら》きました。当時《とうじ》の農家《のうか》では、それは当《あ》たり前《まえ》のことだったのです。

小学校《しょうがっこう》の先生《せんせい》をしていたお母《かあ》さんは、ピアノを弾《ひ》くのが得意《とくい》で、芸術《げいじゅつ》にも関心《かんしん》の高《たか》い人《ひと》でした。習字《しゅうじ》や絵《え》の道具《どうぐ》も買《か》ってくれました。

「絵《え》はいいなあ！　眺《なが》めるだけでも楽《たの》しい」

智《さとし》もお母《かあ》さんの影響《えいきょう》からか、カレンダーの絵《え》や絵葉書《えはがき》を集《あつ》めるようになりました。

いっしょに暮《く》らしていたおばあさんは、よくこういっていました。

「人《ひと》のためになることをしなさい」

その言葉《ことば》の通《とお》り、智《さとし》のお父《とう》さんは、農業《のうぎょう》をしながら、村《むら》に水道《すいどう》をひいたり、ＰＴＡ《ピーティーエー》の会《かい》長《ちょう》をしたり、地元《じもと》のリーダーとして活《かつ》やくしていました。

「自分《じぶん》も将来《しょうらい》は、人《ひと》の役《やく》に立《た》つことをやりたい」

智《さとし》も、だんだんそう思《おも》うようになっていきました。

スポーツはなんでもとくい

中学高校《ちゅうがくこうこう》では、サッカー、野球《やきゅう》、卓球《たっきゅう》、スキーなど、いろいろなスポーツをやりました。

勉強《べんきょう》には熱心《ねっしん》でなかったので、成績《せいせき》もよくありません。しかし、高校《こうこう》三年生《ねんせい》の春《はる》のことです。お父《とう》さんが、「勉強《べんきょう》する気《き》があるなら、大学《だいがく》へ行《い》かせてやる」といってくれました。

卒業《そつぎょう》したら、農業《のうぎょう》を継《つ》ぐものと思《おも》っていた智《さとし》は、奮《ふる》いたちました。

「せっかくのチャンスだ！　受験勉強《じゅけんべんきょう》をがんばろう！」

それからは、勉強《べんきょう》とスポーツの両方《りょうほう》に熱心《ねっしん》に取《と》りくみ、寝《ね》る間《ま》をおしんで勉強《べんきょう》しました。

こうして見事《みごと》、山梨大学学芸学部自然科学科《やまなしだいがくがくげいがくぶしぜんかがくか》に入学《にゅうがく》しました。

大学《だいがく》でも、スキーを続《つづ》けました。クロスカントリーという、丘《おか》や森《もり》の中《なか》の長距離《ちょうきょり》をすべる競技《きょうぎ》の選手《せんしゅ》でした。

横山隆策《よこやまりゅうさく》先生というスキーの先生《せんせい》には、いろいろなことを教《おそ》わりました。

「人《ひと》の真似《まね》はするな。レベルの低《ひく》い人《ひと》の真似《まね》をしても、その人《ひと》を超《こ》えることはできない」

練習《れんしゅう》にはげみ、大学《だいがく》二、三年《ねん》のときは国体《こくたい》にも出場《しゅつじょう》しています。

大学《だいがく》で勉強《べんきょう》していたのは化学《かがく》でしたが、地学《ちがく》の教授《きょうじゅ》の田中元之進《たなかもとのしん》先生《せんせい》にも、目《め》をかけてもらいました。

地層《ちそう》や地質《ちしつ》の調査《ちょうさ》に同行《どうこう》させてもらい、岩石《がんせき》の採取《さいしゅ》などを手伝《てつだ》いました。

田中先生《たなかせんせい》は、こういってくれました。

「大学時代《だいがくじだい》の勉強《べんきょう》などあまりあてにならん。社会《しゃかい》に出《で》てから五年間《ねんかん》が勝負《しょうぶ》だよ」

「……なるほど。五年間《ねんかん》が勝負《しょうぶ》か。この言葉《ことば》を忘《わす》れずに、自分《じぶん》もがんばらなくちゃ！」

このように智《さとし》は、出会《であ》った先生《せんせい》など、たくさんの人《ひと》びとの言葉《ことば》を大切《たいせつ》にしながら、人生《じんせい》を歩《あゆ》んでいったのです。

夜間高校《やかんこうこう》の先生《せんせい》として

大学《だいがく》を卒業《そつぎょう》すると、東京都《とうきょうと》の高校教員《こうこうきょういん》に採用《さいよう》され、墨田工業高等学校《すみだこうぎょうこうとうがっこう》の夜間部《やかんぶ》の理科《りか》と体育《たいいく》の教師《きょうし》になりました。

定時制高校《ていじせいこうこう》の夜間部《やかんぶ》には、昼間《ひるま》は働《はたら》いている生徒《せいと》たちが通《かよ》ってきます。

工場《こうじょう》で働《はたら》いてきたのか、手《て》や服《ふく》などに油《あぶら》がこびりついている者《もの》もいました。

働《はたら》きながら必死《ひっし》に勉強《べんきょう》を続《つづ》けている生徒《せいと》たちの姿《すがた》は、智《さとし》の胸《むね》を打《う》ちました。

「体力的《たいりょくてき》にもきついだろうに、よくがんばっているな。それに比《くら》べ、自分《じぶん》は、高校《こうこう》や大学《だいがく》でもろくに勉強《べんきょう》しないでスポーツに夢中《むちゅう》だった。自分《じぶん》ははたしてこのままでよいのだろうか」

そう強《つよ》く感《かん》じ、学《まな》びなおすことを決心《けっしん》しました。

昼間《ひるま》は大学院《だいがくいん》で化学《かがく》を勉強《べんきょう》し、夜《よる》は高校《こうこう》で教《おし》えました。

大学院《だいがくいん》の修士課程《しゅうしかてい》を修了後《しゅうりょうご》は、五年間《ねんかんつと》勤めた高校《こうこう》をやめ、研究者《けんきゅうしゃ》としての道《みち》を歩《あゆ》みはじめました。

北里研究所《きたさとけんきゅうじょ》

お見合《みあ》いをして結婚《けっこん》し、山梨大学《やまなしだいがく》で二年間《ねんかん》助手《じょしゅ》として研究《けんきゅう》しました。

その後一九六五年《ご》、二十九歳《ねん》《さい》のとき、東京《とうきょう》の北里研究所《きたさとけんきゅうじょ》という医学《いがく》の研究所《けんきゅうじょ》に入《はい》り、薬《くすり》の研究《けんきゅう》をはじめました。

最初《さいしょ》のうちは、えらい先生《せんせい》の論文《ろんぶん》を清書《せいしょ》したり、黒板《こくばん》をふいたりする雑用《ざつよう》もこなしながら、朝六時《あさじ》には研究室《けんきゅうしつ》に入《はい》り抗生物質《こうせいぶっしつ》の構造解析《こうぞうかいせき》の研究《けんきゅう》を行《おこな》い、やがて研究者《けんきゅうしゃ》としての力《ちから》も認《みと》められるようになりました。

一九六九年《ねん》の夏《なつ》、初《はじ》めての海外旅行《かいがいりょこう》で、ヨーロッパの製薬会社《せいやくがいしゃ》を視察《しさつ》しました。すると、あるドイツの会社《かいしゃ》の研究所《けんきゅうじょ》に、北里柴三郎《きたさとしばさぶろう》の胸像《きょうぞう》がかざってあるのが目《め》に飛《と》びこんできました。

「どうしてこんなところに北里先生《きたさとせんせい》が？」

その製薬会社《せいやくがいしゃ》の人《ひと》たちは、北里研究所《きたさとけんきゅうじょ》について、智《さとし》に質問《しつもん》もしてきました。

「あなたは北里先生《きたさとせんせい》の研究所《けんきゅうじょ》から来《き》たんですね。どんな研究《けんきゅう》をしているんですか？」

北里柴三郎《きたさとしばさぶろう》は、細菌学者《さいきんがくしゃ》で、破傷風《はしょうふう》の血清療法《けっせいりょうほう》を考案《こうあん》し、ペスト菌《きん》を発見《はっけん》した人《ひと》です。伝染病《でんせんびょう》を研究《けんきゅう》して病気《びょうき》の予防《よぼう》の重要性《じゅうようせい》に気《き》づき、私財《しざい》をなげうって、北里研究所《きたさとけんきゅうじょ》を創設《そうせつ》しました。

第一回《だいいっかい》ノーベル生理学《せいりがく》・医学賞《いがくしょう》の候補《こうほ》でしたが、おしくも受賞《じゅしょう》をのがしました。

没後何十年《ぼつごなんねん》も経《た》っていたのに、ヨーロッパの人《ひと》びとは、まだその名《な》を忘《わす》れていなかったのです。

「多《おお》くの人《ひと》びとを病気《びょうき》から救《すく》った北里先生《きたさとせんせい》は、世界《せかい》ではこんなに評価《ひょうか》されていたんだ！自分《じぶん》も、その思《おも》いを受《う》けついで研究《けんきゅう》を続《つづ》けていこう！」

智《さとし》はここで、北里研究所《きたさとけんきゅうじょ》に所属《しょぞく》している意味《いみ》を、改《あらた》めて自覚《じかく》したのでした。

寄生虫《きせいちゅう》に効《き》く薬《くすり》

一九七一年《ねん》からは、北里研究所《きたさとけんきゅうじょ》からアメリカのウェスレーヤン大学《だいがく》に留学《りゅうがく》し、客員教授《きゃくいんきょうじゅ》としてむかえられました。

このとき、奥《おく》さんの文子《ふみこ》さんが、大《だい》かつやくしました。

明《あか》るく社交的《しゃこうてき》な性格《せいかく》の文子《ふみこ》さんは、ホームパーティーを開《ひら》いたり、現地《げんち》の人《ひと》に日本《にほん》のソロバンを教《おし》えたりして、たちまち人気者《にんきもの》になりました。

文子《ふみこ》さんがいたおかげで、智《さとし》はアメリカの研究者《けんきゅうしゃ》たちと、広《ひろ》く交流《こうりゅう》を深《ふか》めることができました。

一九七三年《ねん》に帰国《きこく》しましたが、智《さとし》はアメリカ留学《りゅうがく》の成果《せいか》をしっかり発揮《はっき》しました。アメリカの製薬会社《せいやくがいしゃ》メルク社《しゃ》と、薬《くすり》の開発《かいはつ》で協力《きょうりょく》する約束《やくそく》をしたのです。

おかげで、多額《たがく》の研究資金《けんきゅうしきん》を出《だ》してもらうことができました。おたがい情報《じょうほう》を交換《こうかん》しながら、日本《にほん》とアメリカが協力《きょうりょく》して、新《あたら》しい薬《くすり》を開発《かいはつ》しようというのです。

「普通《ふつう》の方法《ほうほう》でやっても、世界《せかい》の研究室《けんきゅうしつ》にはかなわない。せっかくなら、ほかの人《ひと》たちがやっていない研究《けんきゅう》をしてみよう！」

そこで取《と》り組《く》んだのが、家畜《かちく》の体《からだ》にすみつく寄生虫《きせいちゅう》を殺《ころ》す薬《くすり》の研究《けんきゅう》です。

土《つち》の中《なか》にいる微生物《びせいぶつ》を使《つか》って、薬《くすり》を作《つく》ることができないかと考《かんが》えました。

微生物《びせいぶつ》というのは、顕微鏡《けんびきょう》でしか見《み》ることのできない小《ちい》さな生物《せいぶつ》、カビや細菌《さいきん》などのことです。わずか一グラムの土《つち》の中《なか》に、約《やく》一億《おく》もの微生物《びせいぶつ》がいます。

この微生物《びせいぶつ》が出《だ》す物質《ぶっしつ》が、さまざまな病気《びょうき》に効《き》くことがわかっていました。たとえばペニシリンなどの、悪《わる》い細菌《さいきん》を殺《ころ》す「抗生物質《こうせいぶっしつ》」も、微生物《びせいぶつ》が出《だ》す物質《ぶっしつ》から作《つく》られています。

研究室《けんきゅうしつ》のメンバーは、いつもビニール袋《ぶくろ》を持《も》ち歩《ある》き、土《つち》を集《あつ》めて回《まわ》りました。その中《なか》にいる微生物《びせいぶつ》を、しらみつぶしに調《しら》べていきます。これは、たいへん根気《こんき》のいる作業《さぎょう》でした。

一九七四年《ねん》、このようにして分離《ぶんり》した微生物《びせいぶつ》について、様々《さまざま》な性質《せいしつ》を調《しら》べ、智《さとし》は数多《かずおお》くの有望《ゆうぼう》な菌株《きんしゅ》をメルク社《しゃ》に送《おく》ることにしました。

メルク社《しゃ》のウイリアム・キャンベルのチームは送《おく》られてきた微生物《びせいぶつ》について調《しら》べ、寄生虫《きせいちゅう》を退治《たいじ》する物質《ぶっしつ》を出《だ》す菌株《きんしゅ》があることをみつけました。これが静岡県伊東市《しずおかけんいとうし》の土壌《どじょう》から分離《ぶんり》した微生物《びせいぶつ》でした。

この物質《ぶっしつ》はエバーメクチンと名《な》づけられました。

やがて、エバーメクチンをさらに改良《かいりょう》し、

少量《しょうりょう》でも効《き》き目《め》のある「イベルメクチン」を共同開発《きょうどうかいはつ》しました。この薬《くすり》は、たった一回家畜《かちく》に注射《ちゅうしゃ》したり飲《の》ませたりするだけで、じゅうぶんな効《き》き目《め》があります。しかもこの薬《くすり》は、犬《いぬ》のフィラリアという病気《びょうき》にも効《き》きました。

イベルメクチンは一九八一年《ねん》、動物用《どうぶつよう》の薬《くすり》として売《う》りだされ、それ以来《いらい》、世界中《せかいじゅう》で利用《りよう》されるようになりました。

やがてメルク社《しゃ》は、これを人間用《にんげんよう》に商品化《しょうひんか》しました。

アフリカでは、寄生虫《きせいちゅう》が原因《げんいん》の「オンコセルカ症《しょう》」がはやり、数千万人《すうせんまんにん》の患者《かんじゃ》がいました。寄生虫《きせいちゅう》が目《め》の下《した》の組織《そしき》に入《はい》りこんで、失明《しつめい》させてしまうおそろしい病気《びょうき》です。

しかしこのイベルメクチンを年《ねん》に一回《かい》飲《の》めば、寄生虫《きせいちゅう》の幼虫《ようちゅう》を駆除《くじょ》することができるようになったのです。

一九八七年《ねん》、イベルメクチンが人《ひと》の病気《びょうき》に使《つか》われはじめました。WHO《ダブリューエイチオー》（世界保健機関《せかいほけんきかん》）によると、イベルメクチンを無料《むりょう》で投与《とうよ》することによって、アフリカ諸国《しょこく》で約《やく》四千万人《せんまんにん》がオンコセルカ症《しょう》にかからずにすみ、約《やく》六十万人《まんにん》が失明《しつめい》からまぬがれました。

この薬《くすり》は、東南《とうなん》アジアの風土病《ふうどびょう》や、ダニが原因《げんいん》の皮膚病《ひふびょう》にも効果《こうか》があります。

イベルメクチンは、合計《ごうけい》すれば何億人《なんおくにん》もの人《ひと》の役《やく》に立《た》つことができたのです。

二〇〇四年《ねん》、智《さとし》はオンコセルカ症《しょう》がはやっていたガーナを初《はじ》めて訪《おとず》れ、大歓迎《だいかんげい》されました。オンコセルカ症《しょう》は、いずれ撲滅《ぼくめつ》され、もうかかる心配《しんぱい》がなくなると予測《よそく》されています。

さまざまな思《おも》いを胸《むね》に授賞式《じゅしょうしき》へ

こうして、二〇一五年《ねん》、大村智《おおむらさとし》はついに、共同研究者《きょうどうけんきゅうしゃ》のウイリアム・キャンベルと共《とも》に、ノーベル生理学《せいりがく》・医学賞《いがくしょう》を受賞《じゅしょう》しました。

授賞式《じゅしょうしき》の前日《ぜんじつ》、ストックホルムのノーベル博物館《はくぶつかん》を訪《おとず》れた大村智《おおむらさとし》は、第《だい》一回《かい》ノーベル賞《しょう》関連《かんれん》の展示《てんじ》の前《まえ》で足《あし》を止《と》めました。

そして周囲《しゅうい》にいる、マスコミ関係者《かんけいしゃ》たちにこう語《かた》りました。

「北里柴三郎《きたさとしばさぶろう》先生《せんせい》の業績《ぎょうせき》は、本当《ほんとう》にすばらしいものだった。候補《こうほ》に挙《あ》がりながら受賞《じゅしょう》できなかったのは、不運《ふうん》だった。ぼくは、北里《きたさと》先生《せんせい》の思《おも》いを背負《せお》ってやってきたから」

そして、授賞式《じゅしょうしき》と晩餐会《ばんさんかい》には、一人娘《ひとりむすめ》の育代《いくよ》さんといっしょに出席《しゅっせき》しました。

残念《ざんねん》ながら、奥《おく》さんの文子《ふみこ》さんは、十六年前《ねんまえ》に病気《びょうき》で亡《な》くなっていたのです。

研究者《けんきゅうしゃ》としての自分《じぶん》をずっと支《ささ》えてくれた妻《つま》の写真《しゃしん》を、智《さとし》は胸《むね》のポケットに入《い》れ、式《しき》に臨《のぞ》んだのでした。

このように、化学者《かがくしゃ》として栄誉《えいよ》ある賞《しょう》に輝《かがや》いた智《さとし》ですが、ほかにもさまざまな功績《こうせき》を残《のこ》しています。

絵《え》の収集家《しゅうしゅうか》としても知《し》られ、山梨県韮崎市《やまなしけんにらさきし》に「韮崎大村美術館《にらさきおおむらびじゅつかん》」を作《つく》りました。人材《じんざい》の育成《いくせい》にも熱心《ねっしん》で、たくさんの後輩《こうはい》の研究者《けんきゅうしゃ》を育《そだ》てました。薬《くすり》の特許《とっきょ》で得《え》られた資金《しきん》で、新《あたら》しい病院《びょういん》を設立《せつりつ》するなどして、北里研究所《きたさとけんきゅうじょ》の経営《けいえい》を立《た》てなおしました。

「山梨科学《やまなしかがく》アカデミー」を作《つく》り、将来《しょうらい》を担《にな》う子《こ》どもたちの教育《きょういく》にも、力《ちから》をつくしています。

小柴昌俊《こしばまさとし》

1926年《ねん》9月《がつ》19日《にち》〜

2002年《ねん》ノーベル物理学賞《ぶつりがくしょう》

先生《せんせい》と生徒《せいと》が

ニュートリノの研究《けんきゅう》で受賞《じゅしょう》

梶田隆章《かじたたかあき》

1959年《ねん》3月《がつ》9日《か》〜

2015年《ねん》ノーベル物理学賞《ぶつりがくしょう》

岐阜県神岡鉱山《ぎふけんかみおかこうざん》の地下《ちか》には、何万《なんまん》トンもの水《みず》が張《は》られた「スーパーカミオカンデ」という施設《しせつ》があります。ここでは、宇宙《うちゅう》から飛《と》んでくる素粒子《そりゅうし》、ニュートリノの観測《かんそく》を行《おこな》っています。小柴昌俊《こしばまさとし》と梶田隆章《かじたたかあき》は、先生《せんせい》と生徒《せいと》ですが、二人《ふたり》ともニュートリノの研究《けんきゅう》でノーベル賞《しょう》を受賞《じゅしょう》しました。

読書《どくしょ》と音楽《おんがく》に親《した》しんだ少年時代《しょうねんじだい》

小柴昌俊《こしばまさとし》は、一九二六年《ねん》、愛知県豊橋市《あいちけんとよはしし》で生《う》まれました。

お父《とう》さんは軍人《ぐんじん》だったため、幼《おさな》いころは剣道《けんどう》を習《なら》わされ、きびしく育《そだ》てられました。

しかし三歳《さい》のとき、病気《びょうき》でお母《かあ》さんが亡《な》くなりました。お父《とう》さんは、お母《かあ》さんのお姉《ねえ》さんと再婚《さいこん》しましたが、それをきっかけに、幼《おさな》いながらも、こう思《おも》うようになりました。

「ぼくにはもう甘《あま》えられる人《ひと》はいない。これからは人《ひと》を頼《たよ》らずやっていかなくちゃならないんだ……」

小学校時代《しょうがっこうじだい》のあだ名《な》は「うさぎちゃん」です。

読書《どくしょ》が好《す》きで本《ほん》ばかり読《よ》んでいたのでいつも目《め》が真《ま》っ赤《か》でした。活字《かつじ》ならなんでも好《す》きで、二人目《ふたりめ》のお母《かあ》さんが読《よ》んでいた「主婦《しゅふ》の友《とも》」まで目《め》を通《とお》していました。母乳《ぼにゅう》が出《で》ないおばさんに、

「そんなときは、ゴボウの種《たね》を煎《せん》じて飲《の》むといいんだよ」

といって、おどろかれたこともありました。

中学校《ちゅうがっこう》に入《はい》ったころ、入学祝《にゅうがくいわ》いにもらったお金《かね》で、クラシックのレコードを買《か》いました。

チャイコフスキーの「白鳥《はくちょう》の湖《みずうみ》」を聴《き》き、

「こんな音楽《おんがく》を、自分《じぶん》でも作曲《さっきょく》できたらいいなあ！」

と、作曲家《さっきょくか》になる夢《ゆめ》を思《おも》い描《えが》きました。

ところが、中学《ちゅうがく》一年《ねん》の秋《あき》のことです。とつぜんジフテリアと小児《しょうに》マヒにかかり、体《からだ》が動《うご》かなくなってしまいました。手足《てあし》がマヒして、家《いえ》の階段《かいだん》をおり、一人《ひとり》でお風呂《ふろ》に入《はい》ることもできません。

若《わか》い女《おんな》の人《ひと》に介助《かいじょ》を頼《たの》み、おんぶされ、服《ふく》を脱《ぬ》がせてもらって、入浴《にゅうよく》しました。

「……はずかしい。こんなのいやだ！」

そこで、毎日《まいにち》少《すこ》しずつ体《からだ》を動《うご》かして、リハビリをがんばりました。すると、はいつくばって、一人《ひとり》で階段《かいだん》をおりることができるようになりました。

お風呂《ふろ》の介助《かいじょ》は必要《ひつよう》なくなりましたが、まだ悩《なや》みはつきません。

音楽家《おんがくか》になる夢《ゆめ》は、手《て》が自由《じゆう》に動《うご》かず、楽器《がっき》を演奏《えんそう》できそうにないのであきらめました。

お父《とう》さんは、軍人《ぐんじん》になれといっていましたが、それもとても無理《むり》そうです。

「学校《がっこう》も欠席《けっせき》が続《つづ》いたら、退学《たいがく》になってしまう。中学《ちゅうがく》も出《で》ていないとなったら、将来《しょうらい》、どうやって生《い》きていけばいいんだろう。とにかくがんばって登校《とうこう》し、卒業《そつぎょう》しないと！」

バスのステップも上《あ》がれないので、がんばって歩《ある》いて行《い》くことにし、約《やく》二時間《じかん》かけて学校《がっこう》に通《かよ》いました。

あるときは、道《みち》で転《ころ》んでしまいましたが、一人《ひとり》では起《お》きあがれませんでした。

「……早《はや》く立《た》たなきゃ。でも、できない。なんてみじめなんだ！」

通《とお》りかかった男《おとこ》の人《ひと》が助《たす》けおこし、「がんばれよ」とはげましてくれました。

ジフテリアで入院《にゅういん》していたとき、中学《ちゅうがく》の先生《せんせい》が一冊《さつ》の本《ほん》を手渡《てわた》してくれました。

アインシュタインらが書《か》いた『物理学《ぶつりがく》はいかに創《つく》られたか』(岩波新書《いわなみしんしょ》)です。

内容《ないよう》はむずかしくてあまりよくわかりませんでしたが、

「物理学《ぶつりがく》っておもしろそうだ」

と、この本《ほん》を通《とお》して初《はじ》めて物理学《ぶつりがく》に出会《であ》ったのでした。

その後《ご》、病気《びょうき》はしだいに回復《かいふく》していきましたが、右腕《みぎうで》だけは後遺症《こういしょう》が残《のこ》り、不自由《ふじゆう》なままになりました。

負《ま》けん気《き》のがんばりや

二回受験《かいじゅけん》に失敗《しっぱい》しましたが、第一高等学校《だいこうとうがっこう》に合格《ごうかく》しました。戦争中《せんそうちゅう》だったので、兵隊《へいたい》になるための「徴兵検査《ちょうへいけんさ》」も受《う》けなくてはなりませんでした。しかし、健康状態《けんこうじょうたい》が悪《わる》かったため、兵隊《へいたい》にはならずに勉強《べんきょう》を続《つづ》けることができました。

高等学校《こうとうがっこう》の寮生活《りょうせいかつ》がはじまった一九四五年《ねん》の八月《がつ》に、戦争《せんそう》が終《お》わりました。

昌俊《まさとし》は家計《かけい》を助《たす》けるため、家庭教師《かていきょうし》などのアルバイトをしながら、勉強《べんきょう》をしました。詩《し》が好《す》きで、ドイツ文学《ぶんがく》にも興味《きょうみ》を持《も》っていました。

ところが卒業《そつぎょう》が近《ちか》づいたある日《ひ》、寮《りょう》のお風呂《ふろ》に入《はい》っていると、先生《せんせい》が学生《がくせい》にこういっている声《こえ》が、湯気《ゆげ》のむこうから聞《き》こえてきたのです。

「小柴《こしば》は物理《ぶつり》の成績《せいせき》が悪《わる》いし、大学《だいがく》で物理学科《ぶつりがっか》に進《すす》まないことだけはたしかだな」

昌俊《まさとし》は、頭《あたま》に血《ち》がのぼりました。

「……なんだって！　人《ひと》をバカにして！　オレはぜったい物理学科《ぶつりがっか》に進《すす》んであの先生《せんせい》を見《み》返《かえ》してやる！」

たしかに高等学校《こうとうがっこう》に入《はい》ったころは成績《せいせき》がよかったのですが、だんだん成績《せいせき》が落《お》ちて、今《いま》は真《ま》ん中《なか》くらいでした。物理学科《ぶつりがっか》は人気《にんき》があり、優等生《ゆうとうせい》しか入《はい》れません。

そこで、成績《せいせき》のよい同級生《どうきゅうせい》に家庭教師《かていきょうし》を頼《たの》み、猛勉強《もうべんきょう》をはじめました。

こうして努力《どりょく》が実《みの》り、東京大学理学部物理《とうきょうだいがくりがくぶぶつり》学科《がっか》に無事入学《ぶじにゅうがく》することができました。

とくに物理学《ぶつりがく》に進《すす》みたいと思《おも》っていたわけではなかったのに、結果《けっか》として物理《ぶつり》の道《みち》に進《すす》んでいったのです。そのとき、気《き》づきました。

「なんでも、やればできる！」

大学《だいがく》での成績《せいせき》はけっしてよいわけではありませんでしたが、「実験《じっけん》」だけは好《す》きでした。

大学院《だいがくいん》に進《すす》むと、原子《げんし》よりもさらに小《ちい》さな粒《つぶ》「素粒子《そりゅうし》」の観測《かんそく》をはじめました。

わたしたちの身《み》の回《まわ》りには、宇宙《うちゅう》や、地球《ちきゅう》や、建物《たてもの》などから出《で》ている素粒子《そりゅうし》がたくさん飛《と》びまわっています。あまりにも小《ちい》さいので、顕微鏡《けんびきょう》を使《つか》ってもその姿《すがた》を見《み》ることはできません。

アメリカ留学《りゅうがく》

そんなとき、アメリカのロチェスター大学《だいがく》で日本人《にほんじん》の留学生《りゅうがくせい》を募集《ぼしゅう》しているという話《はなし》を聞《き》きました。すると、後《のち》にノーベル賞《しょう》を受賞《じゅしょう》する朝永振一郎博士《ともながしんいちろうはかせ》が、昌俊《まさとし》が留学《りゅうがく》できるよう、推薦人《すいせんにん》になるといってくれました。

朝永博士《ともながはかせ》は、湯川秀樹《ゆかわひでき》の同級生《どうきゅうせい》であり、ライバルだった先生《せんせい》です。高等学校《こうとうがっこう》の校長先生《こうちょうせんせい》の紹介《しょうかい》で、以前《いぜん》から親《した》しくしていたのでした。

自分《じぶん》で英語《えいご》の推薦状《すいせんじょう》を書《か》けといわれ、「成績《せいせき》はあまりよくないが留学《りゅうがく》は可能《かのう》」という内容《ないよう》の文章《ぶんしょう》を苦労《くろう》して書《か》きあげ、朝永博士《ともながはかせ》のもとに持《も》っていきました。

朝永博士《ともながはかせ》は、二《ふた》つ返事《へんじ》でサインしてくれて、無事留学《ぶじりゅうがく》することができました。

こうして、一九五三年《ねん》八月《がつ》、横浜《よこはま》の港《みなと》から氷川丸《ひかわまる》に乗《の》って旅立《たびだ》ちました。

ロチェスター大学《だいがく》では、この大学《だいがく》の最短記録《さいたんきろく》で博士号《はくしごう》を取《と》り、その後《ご》もシカゴ大学《だいがく》などで研究《けんきゅう》を続《つづ》けました。

三十三歳《さい》のとき、アメリカの航空母艦《こうくうぼかん》から気球《ききゅう》を飛《と》ばし、宇宙《うちゅう》から飛《と》んでくる素粒子《そりゅうし》を観測《かんそく》する、十二カ国参加《こくさんか》のプロジェクトのリーダーに抜擢《ばってき》されました。

百万《まん》ドルという大金《たいきん》がつぎこまれた大計画《だいけいかく》です。気球《ききゅう》はなかなかうまく飛《と》ばず、何度《なんど》も失敗《しっぱい》をくりかえしましたが、一九六一年《ねん》、ようやく実験《じっけん》に成功《せいこう》しました。

「よかった。ようやく責任《せきにん》が果《は》たせた。しかし、どうしたらもっとうまく、観測《かんそく》できるだろう。……もしかすると？」

学者《がくしゃ》たちと議論《ぎろん》をかわすうち、後《のち》に建設《けんせつ》する「カミオカンデ」のアイディアが生《う》まれたのは、このプロジェクトにたずさわったころのことでした。

カミオカンデの建設《けんせつ》

一九六三年《ねん》、東京大学《とうきょうだいがく》にもどり、素粒子《そりゅうし》の研究《けんきゅう》を続《つづ》けました。

一九七八年《ねん》、研究仲間《けんきゅうなかま》から頼《たの》まれたのが、ニュートリノに関《かん》する実験装置《じっけんそうち》の開発《かいはつ》です。

ニュートリノは素粒子《そりゅうし》の一《ひと》つで、その大《おお》きさは一センチの一億分《おくぶん》の一の、さらに一億分《おくぶん》の一しかありません。わたしたちの体《からだ》を一秒間《びょうかん》に何兆個《なんちょうこ》も、気《き》がつかないうちにすりぬけています。

いったいそのニュートリノを、どうやってとらえたらいいのでしょう。

すると、かねてから温《あたた》めていたアイディアによって、わずか一晩《ひとばん》で「カミオカンデ」の構想《こうそう》が浮《う》かびました。

「地下千《ちかせん》メートルの場所《ばしょ》に巨大《きょだい》な水槽《すいそう》を作《つく》り、水槽《すいそう》に入《はい》ってきた素粒子《そりゅうし》が発《はっ》する光《ひかり》をセンサーで観測《かんそく》する」というものです。

ニュートリノは、物《もの》をなんでもつきぬけて地下《ちか》までやってきますが、ほかの物質《ぶっしつ》は、土《つち》にブロックされて途中《とちゅう》で止《と》まります。だから、施設《しせつ》を地下《ちか》に作《つく》れば、ニュートリノだけをとらえることができます。そして、ごくまれに、ニュートリノが水《みず》の分子《ぶんし》にぶつかったときに出《で》る光《ひかり》を観測《かんそく》しようというのです。

こうして、岐阜県神岡町《ぎふけんかみおかちょう》（現飛騨市《げんひだし》）の鉱山《こうざん》の地下《ちか》で「カミオカンデ」の建設《けんせつ》が始《はじ》まりました。

小柴組《こしばぐみ》の梶田隆章《かじたたかあき》

そしてこのとき、建設《けんせつ》にたずさわったのが、当時《とうじ》東京大学大学院《とうきょうだいがくだいがくいん》で、小柴教授《こしばきょうじゅ》の研究室《けんきゅうしつ》にいた梶田隆章《かじたたかあき》でした。

梶田隆章《かじたたかあき》は、一九五九年《ねん》、埼玉県東松山市《さいたまけんひがしまつやまし》の農家《のうか》に生《う》まれました。

子《こ》どものころは、牛《うし》の水《みず》やりなど、家《いえ》の手伝《てつだ》いをきちんとしました。高校《こうこう》、大学《だいがく》では弓道《きゅうどう》にうちこみました。

しかしどちらかというと、温厚《おんこう》でおとなしく、あまり目立《めだ》つタイプではありません。埼玉大学理学部《さいたまだいがくりがくぶ》から、東京大学大学院《とうきょうだいがくだいがくいん》に進《すす》み、小柴教授《こしばきょうじゅ》に出会《であ》ったのです。

当時《とうじ》、その研究《けんきゅう》チームは「小柴組《こしばぐみ》」と呼《よ》ばれ、小柴先生《こしばせんせい》はすでに雲《くも》の上《うえ》の人《ひと》のような存在《そんざい》でした。小柴先生《こしばせんせい》は、梶田《かじた》たち学生《がくせい》にいつもこういっていました。

「自分《じぶん》の研究《けんきゅう》のアイディアの卵《たまご》を、いつも二、三個《こ》は持《も》っていなさい」

「我々《われわれ》の研究《けんきゅう》は、国民《こくみん》が国《くに》に払《はら》った税金《ぜいきん》で行《おこな》っているんだ。むだにしてはだめだぞ！」

梶田隆章《かじたたかあき》は、鉱山《こうざん》のアパートに寝泊《ねと》まりしながら、三千《ぜん》トンの水《みず》の中《なか》に千個《せんこ》もの光《ひかり》センサーをとりつける仕事《しごと》を、小柴組《こしばぐみ》の仲間《なかま》と黙々《もくもく》とこなしました。

師弟《してい》での受賞《じゅしょう》

そしてとうとう、一九八三年《ねん》、カミオカンデが完成《かんせい》しました！

やがて一九八七年《ねん》二月《がつ》二十三日《にち》、幸運《こううん》なチャンスがやってきました。宇宙《うちゅう》のかなた、大《だい》マゼラン星雲《せいうん》で三百八十三年《ねん》ぶりの超新星爆発《ちょうしんせいばくはつ》が起《お》こりました。超新《ちょうしん》星《せい》は、星《ほし》が年《とし》をとって死《し》んでいくときの姿《すがた》です。そのとき、大量《たいりょう》のニュートリノを放出《ほうしゅつ》すると考《かんが》えられていました。

いつもより桁違《けたちが》いに大量《たいりょう》のニュートリノが、地球《ちきゅう》に降《ふ》りそそぎました。

そして、小柴組《こしばぐみ》は、とうとう、ニュートリノの観測《かんそく》に成功《せいこう》し、超新星爆発《ちょうしんせいばくはつ》の理論《りろん》が正《ただ》しいことを証明《しょうめい》したのです！

小柴昌俊《こしばまさとし》は、この業績《ぎょうせき》によって、二〇〇二年《ねん》、ノーベル物理学賞《ぶつりがくしょう》を受賞《じゅしょう》しました。

記者会見《きしゃかいけん》で「夢《ゆめ》はなんですか」と問《と》われ、こう答《こた》えました。

「それはいつか、教《おし》え子《ご》がノーベル賞《しょう》をもらうことです」

それより少《すこ》し前《まえ》の一九九六年《ねん》には、カミオカンデをさらに大《おお》きくしたスーパーカミオカンデが完成《かんせい》し、観測《かんそく》が開始《かいし》されていました。

総工費《そうこうひ》約九十億円《やくおくえん》をかけた、世界最大《せかいさいだい》の観測装置《かんそくそうち》です。五万《まん》トンの水《みず》に、約《やく》一万個《まんこ》の光《ひかり》センサーがとりつけられています。

一方《いっぽう》、小柴昌俊《こしばまさとし》の弟子《でし》の梶田隆章《かじたたかあき》は、カミオカンデで観測《かんそく》を行《おこな》っていたころから、緻密《ちみつ》にデータを解析《かいせき》した結果《けっか》、ふしぎなことに気《き》がついていました。

「……おかしい。これでは観測《かんそく》した結果《けっか》のデータが理論《りろん》と合《あ》わない。もしかすると、観測《かんそく》ミスか？　それとも、もしかして？」

そして、一九八八年《ねん》、それまでの定説《ていせつ》を越《こ》える「ニュートリノには質量《しつりょう》（物質《ぶっしつ》がもともと持《も》っている量《りょう》）がある」という論文《ろんぶん》を発表《はっぴょう》しました。

この説《せつ》は、発表後《はっぴょうご》十年間《ねんかん》も認《みと》められませんでした。

しかし地道《じみち》な観測《かんそく》と研究《けんきゅう》を重《かさ》ねた結果《けっか》、一九九八年《ねん》、この説《せつ》が正《ただ》しいことの決定的《けっていてき》な証拠《しょうこ》を示《しめ》し、とうとう学会《がっかい》で認《みと》められました。

そして梶田隆章《かじたたかあき》は二〇一五年《ねん》、小柴先生《こしばせんせい》と同《おな》じノーベル物理学賞《ぶつりがくしょう》を見事受賞《みごとじゅしょう》したのです。

しかし、実《じつ》はこのときあともう一人《ひとり》、ノーベル賞受賞《しょうじゅしょう》にふさわしい研究者《けんきゅうしゃ》がいました。

同《おな》じく小柴昌俊《こしばまさとし》の弟子《でし》で、梶田隆章《かじたたかあき》より十七歳年上《さいとしうえ》の東京大学教授《とうきょうだいがくきょうじゅ》、戸塚洋二《とつかようじ》です。

スーパーカミオカンデを建設《けんせつ》したときのリーダーで、鬼軍曹《おにぐんそう》（きびしい上司《じょうし》を例《たと》えていう言葉《ことば》）と呼《よ》ばれながらも研究《けんきゅう》チームをまとめ、引《ひ》っぱりました。

梶田隆章《かじたたかあき》がニュートリノに質量《しつりょう》があると結論《けつろん》づけたときには、研究《けんきゅう》チームの代表者《だいひょうしゃ》でもありました。

二〇〇一年《ねん》、スーパーカミオカンデで事故《じこ》が起《お》こり、光《ひかり》センサーの半分以上《はんぶんいじょう》が次々《つぎつぎ》と割《わ》れてしまったときは、リーダーシップをとって復活《ふっかつ》させています。

戸塚洋二《とつかようじ》がいたからこそ、梶田隆章《かじたたかあき》は、研究《けんきゅう》を続《つづ》けることができたとも言《い》えるのです。

ところが大腸《だいちょう》ガンのため、おしくも二〇〇八年《ねん》、この世《よ》を去《さ》ってしまいました。

梶田隆章《かじたたかあき》がノーベル賞《しょう》を受賞《じゅしょう》したときは、もう一人《ひとり》、カナダでニュートリノの研究《けんきゅう》をしているアーサー・B・マクドナルドが受賞《じゅしょう》しました。

「ノーベル賞《しょう》では同《おな》じ部門《ぶもん》で三名《めい》まで受賞《じゅしょう》できるのに、なぜ三人目《にんめ》が選《えら》ばれなかったんだろう？」

これは、亡《な》くなった戸塚洋二《とつかようじ》のためであるともいわれています。

このように、先生《せんせい》から生徒《せいと》へ、代々《だいだい》受《う》け継《つ》がれていくニュートリノの研究《けんきゅう》。

さらに発見《はっけん》が進《すす》めば、いつかこの宇宙《うちゅう》にある物質《ぶっしつ》の起源《きげん》も、解《と》き明《あ》かされるのではないかと期待《きたい》が寄《よ》せられています。

第《だい》三章《しょう》　ノーベル賞《しょう》の「こんなこと知《し》りたい！」

ノーベル賞《しょう》Q＆A

ノーベル賞《しょう》には、いろいろな伝統《でんとう》があります。知《し》ってるとちょっとおもしろい雑学《ざつがく》！

Q

今《いま》までノーベル賞《しょう》の受賞《じゅしょう》を辞退《じたい》した人《ひと》はいるの？

A

四人《にん》います。

カールフェルト（スウェーデン）

ノーベル賞《しょう》の委員《いいん》だったため、文学賞《ぶんがくしょう》を辞退《じたい》しました。

パステルナーク（旧《きゅう》ソビエト連邦《れんぽう》の詩人《しじん》・作家《さっか》）

思想《しそう》を国《くに》に非難《ひなん》され、文学賞《ぶんがくしょう》を辞退《じたい》させられました。

サルトル（フランスの哲学者《てつがくしゃ》・作家《さっか》）

賞《しょう》と名《な》のつくものはもらわない主義《しゅぎ》だからと文学賞《ぶんがくしょう》を辞退《じたい》しました。

レ・ドク・ト（北《きた》ベトナムの共産党書記長《きょうさんとうしょきちょう》）

ベトナムの戦争《せんそう》はまだおさまっていないからと平和賞《へいわしょう》を辞退《じたい》しました。

Q

死《し》んでから受賞《じゅしょう》した人《ひと》はいるの?

A

ノーベル賞《しょう》の受賞《じゅしょう》は生《い》きていることが条件《じょうけん》ですが、二人《ふたり》います。

スウェーデンの詩人《しじん》カールフェルトは、以前《いぜん》委員《いいん》だったために辞退《じたい》したことから、一九三一年《ねん》、亡《な》くなった後《あと》でしたが受賞《じゅしょう》しました。

一九六一年《ねん》平和賞《へいわしょう》を受賞《じゅしょう》した、国連事務総長《こくれんじむそうちょう》のハマーショルドは、アフリカのコンゴの和平《わへい》のためにつくしましたが、謎《なぞ》の飛行機事故《ひこうきじこ》で死亡《しぼう》したため、三カ月《げつ》後《ご》ノーベル平和賞《へいわしょう》を受賞《じゅしょう》しました。

Q ノーベル賞受賞《じゅしょう》を禁止《きんし》した国《くに》とは?

A

ドイツです。一九三三年《ねん》からヒットラーが率《ひき》いるナチスが政権《せいけん》をとりました。一九三五年《ねん》、ナチスに反対《はんたい》する平《へい》和活動家《わかつどうか》オシエッキーにノーベル平和《へいわ》賞《しょう》が与《あた》えられると、ヒットラーは激怒《げきど》し、翌年《よくとし》、ドイツ人《じん》がノーベル賞《しょう》や外《がい》国《こく》の賞《しょう》を受《う》けることを禁止《きんし》してしまいました。この間《あいだ》に受賞《じゅしょう》した人《ひと》たちは、ナチスが倒《たお》れた戦後《せんご》、やっと賞状《しょうじょう》とメダルをもらうことができました。

Q

晩餐会《ばんさんかい》では何人《なんにん》が食事《しょくじ》をするの?

A

ストックホルムの市庁舎《しちょうしゃ》のホールで行《おこな》われる晩餐会《ばんさんかい》の参加者《さんかしゃ》は千三百人《にん》以上《いじょう》です。六十以上《いじょう》のテーブルの上《うえ》に七千の陶器《とうき》と五千四百のグラス、一万《まん》の銀器《ぎんき》が並《なら》びます。カトラリー(スプーンやフォークなど)は、日本製《にほんせい》です。テーブルクロスの総延長《そうえんちょう》は五百メートル。二百六十人《にん》が給仕《きゅうじ》をし、四十人《にん》以上《いじょう》のシェフが腕《うで》をふるいます。

しかしホールはそれほど広《ひろ》くないため、一人《ひとり》が座《すわ》る幅《はば》はわずか六十センチで、だいぶきゅうくつになります。

Q

晩餐会《ばんさんかい》のメニューは？

A

二〇一五年《ねん》ストックホルムで出《だ》されたメニューをご紹介《しょうかい》しましょう。この年《とし》の料理長《りょうりちょう》は、日本料理《にほんりょうり》に関心《かんしん》が深《ふか》く、デザートは桜《さくら》の花《はな》の形《かたち》をしていました。

・前菜《ぜんさい》……ヒラメやホタテのカルパッチョ風《ふう》。

・メイン……肉《にく》、野菜《やさい》、ポテトを使《つか》った三《みっ》つの料理《りょうり》の盛《も》り合《あ》わせ。

・デザート…桜《さくら》の花《はな》をイメージしたコーヒーとアーモンド風味《ふうみ》のデザート。

Q

受賞者《じゅしょうしゃ》がテレビ映《うつ》りをよくするため目印《めじるし》にするものとは？

A

晩餐会《ばんさんかい》が行《おこな》われるストックホルム市《し》庁舎《ちょうしゃ》のホールには、ある工夫《くふう》がほどこされています。大階段《だいかいだん》をおりる人《ひと》が、足下《あしもと》を気《き》にして下《した》を向《む》いてしまわないよう、視線《しせん》を送《おく》る先《さき》として、向《む》かいの壁《かべ》に星《ほし》のレリーフがつけられているのです。テレビでもよくこの階段《かいだん》は映《うつ》されるので、受賞者《じゅしょうしゃ》や、お料理《りょうり》を運《はこ》ぶ給《きゅう》仕人《じにん》は、この星《ほし》を見《み》ながら階段《かいだん》をおりています。

Q

国王《こくおう》に注意《ちゅうい》された受賞者《じゅしょうしゃ》がはたしたリベンジとは?

A

一九五六年《ねん》、物理学賞《ぶつりがくしょう》を受賞《じゅしょう》したアメリカのジョン・バーディーンは、晩餐会《ばんさんかい》のときスウェーデン国王《こくおう》から「一生《いっしょう》に一度《いちど》のことなのに、なぜ子《こ》どもを連《つ》れてこなかったのか」と注意《ちゅうい》されました。そこで「次《つぎ》は必《かなら》ず子《こ》どもを連《つ》れてきます」と答《こた》え、一九七二年《ねん》、二度目《どめ》の受賞《じゅしょう》の際《さい》には子《こ》どもと孫《まご》まで連《つ》れてきました。

Q 受賞者《じゅしょうしゃ》の名前《なまえ》が事前《じぜん》にもれてしまったことはある？

A たった一回《かい》だけあります。二〇一〇年《ねん》、生理学《せいりがく》・医学賞受賞者《いがくしょうじゅしょうしゃ》、イギリスのロバート・エドワーズ氏《し》の名前《なまえ》が、どこかからもれ、スウェーデンの新聞《しんぶん》にスクープされてしまいました。百年《ねん》以上続《いじょうつづ》いている賞《しょう》で情報《じょうほう》がもれたのは、この一回《かい》だけだそうです。

Q 受賞者《じゅしょうしゃ》がストックホルムでよくおみやげに買《か》うものは？

A ノーベル博物館《はくぶつかん》で購入《こうにゅう》できるノーベル賞《しょう》のメダルの形《かたち》をしたチョコレート。何《なん》百枚《まい》も買《か》う受賞者《じゅしょうしゃ》もいます。

Q

受賞者《じゅしょうしゃ》は、本物《ほんもの》のメダルを見分《みわ》けるテストをされる？

A

受賞者《じゅしょうしゃ》は、授賞式《じゅしょうしき》が終《お》わった後《あと》、メダルをなくさないよう一度《いちど》主催者《しゅさいしゃ》に返《かえ》します。

しかし帰国《きこく》する前《まえ》には、目《め》の前《まえ》に「本物《ほんもの》のメダル」「レプリカのメダル」「メダル形《がた》チョコレート」の三《みっ》つが並《なら》べられ「どれでしょう？」と聞《き》かれます。じつにユーモアたっぷりな演出《えんしゅつ》です。

これまでまちがえてしまった受賞者《じゅしょうしゃ》もいましたが、無事《ぶじ》本物《ほんもの》を持《も》って帰《かえ》ることができたそうです。

Q

受賞《じゅしょう》しなくても授賞《じゅしょう》式《しき》や晩餐会《ばんさんかい》に出席《しゅっせき》する方法《ほうほう》はあるの？

A

大学生《だいがくせい》、大学院生《だいがくいんせい》ならチャンスはあります。授賞式《じゅしょうしき》の招《しょう》待者《たいしゃ》には、世界各国《せかいかっこく》の学生《がくせい》もふくまれており、晩餐会《ばんさんかい》や舞《ぶ》踏会《とうかい》にも出席《しゅっせき》できます。日本《にほん》での募集《ぼしゅう》は国際科学技術財団《こくさいかがくぎじゅつざいだん》が行《おこな》い、二名派遣《めいはけん》されます。

Q

ノーベル賞受賞《しょうじゅしょう》の際《さい》に行《おこな》われるヒミツの儀式《ぎしき》とは？

A

ストックホルム大学《だいがく》で行《おこな》われる「ルチア・ディナー」という会《かい》では、受賞者《じゅしょうしゃ》のさらなる飛躍《ひやく》を願《ねが》って、「かわいいカエルちゃん」というスウェーデン民謡《みんよう》に合《あ》わせ、みんなでカエル飛《と》びをします。

Q

イグ・ノーベル賞《しょう》って何《なに》？

A

ノーベル賞《しょう》のパロディーとして、一九九一年《ねん》にアメリカで創設《そうせつ》された、本物《ほんもの》のノーベル賞《しょう》とはまったく関係《かんけい》のない賞《しょう》です。

大事《だいじ》なのは「笑《わら》い」で、ユーモラスで独創的《どくそうてき》な研究《けんきゅう》に贈《おく》られます。

二〇一六年《ねん》には、立命館大学《りつめいかんだいがく》の東山篤規教授《ひがしやまあつききょうじゅ》と大阪大学《おおさかだいがく》の足立浩平教授《あだちこうへいきょうじゅ》が「知覚賞《ちかくしょう》」を共同《きょうどう》受賞《じゅしょう》しました。日本人《にほんじん》の受賞《じゅしょう》は十年連続《ねんれんぞく》でした。

二人《ふたり》の研究内容《けんきゅうないよう》は、開《ひら》いた足《あし》の間《あいだ》から頭《あたま》を逆《さか》さにして自分《じぶん》の背後《はいご》にあるものを見《み》る「股《また》のぞき」をすると、物《もの》が小《ちい》さく平面的《へいめんてき》に感《かん》じられるというもので、授賞式会場《じゅしょうしきかいじょう》では、観客《かんきゃく》もいっしょに効果《こうか》を試《ため》しました。

ノーベル賞《しょう》の受賞者《じゅしょうしゃ》が発見《はっけん》、発明《はつめい》、開発《かいはつ》に関《かか》わったもの

わたしたちの身《み》の回《まわ》りには、ノーベル賞《しょう》と関係《かんけい》があるものばかり！

ツベルクリン

ツベルクリンを注射《ちゅうしゃ》すると、結核《けっかく》にかかっているかどうかが、注射《ちゅうしゃ》した場所《ばしょ》の腫《は》れ具合《ぐあい》などで確《たし》かめられる。

1905年《ねん》 **生理学《せいりがく》・医学賞《いがくしょう》**

R・コッホ

カラー写真《しゃしん》

現在《げんざい》とはちがう方法《ほうほう》で、写真《しゃしん》に天然色《てんねんしょく》をつけた。

1908年《ねん》 **物理学賞《ぶつりがくしょう》**

G・リップマン

無線通信《むせんつうしん》

電線《でんせん》を使《つか》わない電波《でんぱ》による情報《じょうほう》のやりとり。

1909年《ねん》 **物理学賞《ぶつりがくしょう》**

G・マルコーニ／K・F・ブラウン

ABO式血液型《エービーオーしきけつえきがた》

1900年《ねん》に発見《はっけん》された当初《とうしょ》は、A《エー》、B《ビー》、O型《オーがた》しか見《み》つからなかった。AB型《エービーがた》は2年後《ねんご》に発見《はっけん》された。

1930年《ねん》 **生理学《せいりがく》・医学賞《いがくしょう》**

K・ラントシュタイナー

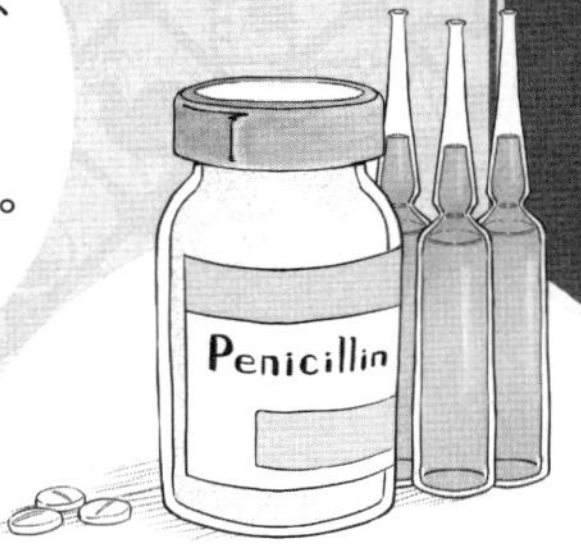

ペニシリン

感染症《かんせんしょう》を治療《ちりょう》する抗生物質《こうせいぶっしつ》。

1945年《ねん》 **生理学《せいりがく》・医学賞《いがくしょう》**

A・フレミング／E・B・チェーン／H・W・フローリー

ビタミンK《ケー》

出血《しゅっけつ》を止《と》める働《はたら》きをするビタミン。納豆《なっとう》やほうれん草《そう》などの野菜《やさい》にふくまれている。

1943年《ねん》 **生理学《せいりがく》・医学賞《いがくしょう》**

C・P・H・ダム／E・A・ドイジー

ストレプトマイシン

結核《けっかく》の治療薬《ちりょうやく》。それまで不治《ふじ》の病《やまい》とされていた結核《けっかく》が治《なお》るようになった。

1952年《ねん》 **生理学《せいりがく》・医学賞《いがくしょう》**

S・A・ワックスマン

原子力発電《げんしりょくはつでん》

ウランなどの燃料《ねんりょう》の核分裂反応《かくぶんれつはんのう》のエネルギーを使《つか》った発電《はつでん》。

1944年《ねん》 **化学賞《かがくしょう》**

O・ハーン

黄熱《おうねつ》ワクチン

アフリカや南《みなみ》アメリカではやっていた黄熱病《おうねつびょう》を予防《よぼう》する薬《くすり》を開発《かいはつ》。

1951年《ねん》 **生理学《せいりがく》・医学賞《いがくしょう》**

M・タイラー

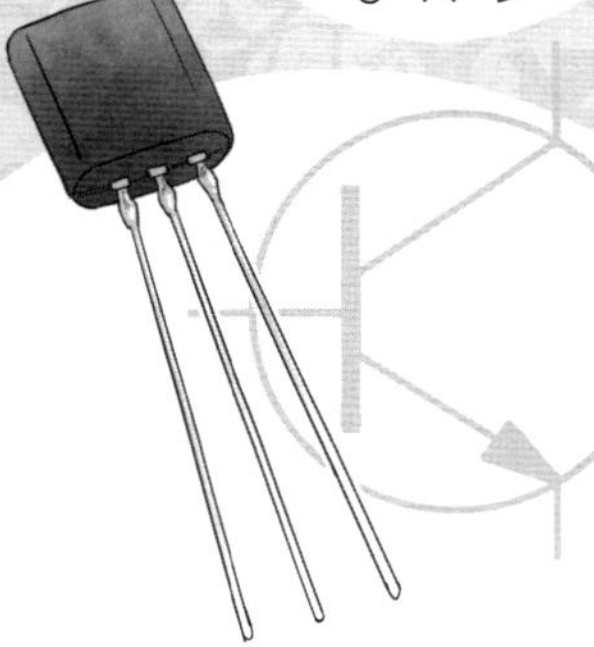

トランジスタ

電子器機《でんしきき》の電子回路《でんしかいろ》に使《つか》われる部品《ぶひん》。これを使《つか》ったラジオは、それまでよりずっと小型《こがた》になった。

1956年《ねん》 **物理学賞《ぶつりがくしょう》** W・B・ショックレー／W・H・ブラッタン／J・バーディーン

X線《エックスせん》CT《シーティー》

体《からだ》の中《なか》を見《み》る機械《きかい》。短時間《たんじかん》で骨《ほね》や肺《はい》の様子《ようす》までよくわかるが、放射線《ほうしゃせん》による被《ひ》ばくがある。

1979年《ねん》 **生理学《せいりがく》・医学賞《いがくしょう》**

A・M・コーマック／G・N・ハウンズフィールド

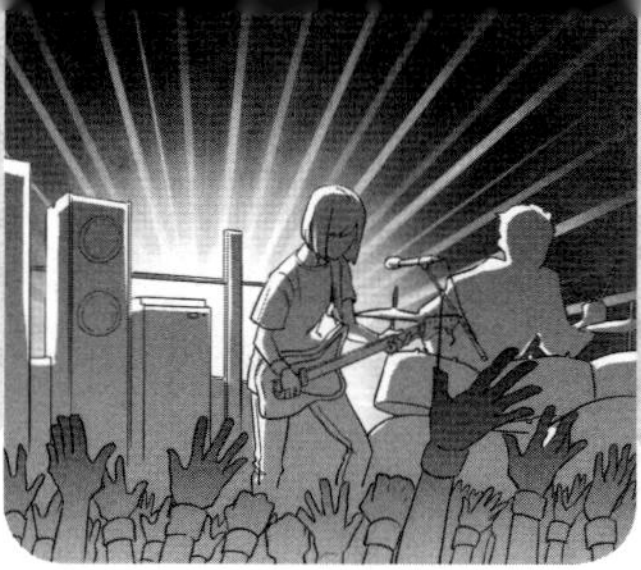

レーザー光線《こうせん》

機械《きかい》によって人工的《じんこうてき》に作《つく》られた強《つよ》い光線《こうせん》。イベントなどで使《つか》われることもある。CD《シーディー》やDVD《ディーブイディー》の読《よ》みとりにも使《つか》われる。

1964年《ねん》 **物理学賞《ぶつりがくしょう》**

C・H・タウンズ／A・プロポロフ／N・バソフ

電気《でんき》を通《とお》すプラスチック

スマートフォンや、駅《えき》の券売機《けんばいき》のタッチパネルなどに応用《おうよう》されている。表面《ひょうめん》に流《なが》れているわずかな電気《でんき》が指《ゆび》に伝《つた》わり、電圧《でんあつ》が変《か》わることで、どこを押《お》したかがわかる。

2000年《ねん》 **化学賞《かがくしょう》**

白川英樹《しらかわひでき》／A・J・ヒーガー／A・G・マクダイアミッド

電子顕微鏡《でんしけんびきょう》

光《ひかり》の代《か》わりに電子《でんし》を使《つか》って見《み》る顕微鏡《けんびきょう》。より小《ちい》さな物《もの》を見《み》ることができる。

1986年《ねん》 **物理学賞《ぶつりがくしょう》**

E・ルスカ／G・ビーニッヒ／H・ローラー

ビッグバン

宇宙《うちゅう》が誕生《たんじょう》したときの大爆発《だいばくはつ》。

1978年《ねん》 **物理学賞《ぶつりがくしょう》**

A・A・ペンジアス／R・W・ウイルソン

青色《あおいろ》LED《エルイーディー》

青《あお》く光《ひか》るLED《エルイーディー》。それまでは赤《あか》や緑色《みどりいろ》などしかなかったが、青色《あおいろ》が加《くわ》わり、これらの光《ひかり》を混《ま》ぜて、省《しょう》エネで長持《ながも》ちする白色《しろいろ》の照明用《しょうめいよう》の光《ひかり》を作《つく》り出《だ》せるようになった。

2014年《ねん》 **物理学賞《ぶつりがくしょう》**

赤﨑勇《あかさきいさむ》／天野浩《あまのひろし》／中村修二《なかむらしゅうじ》

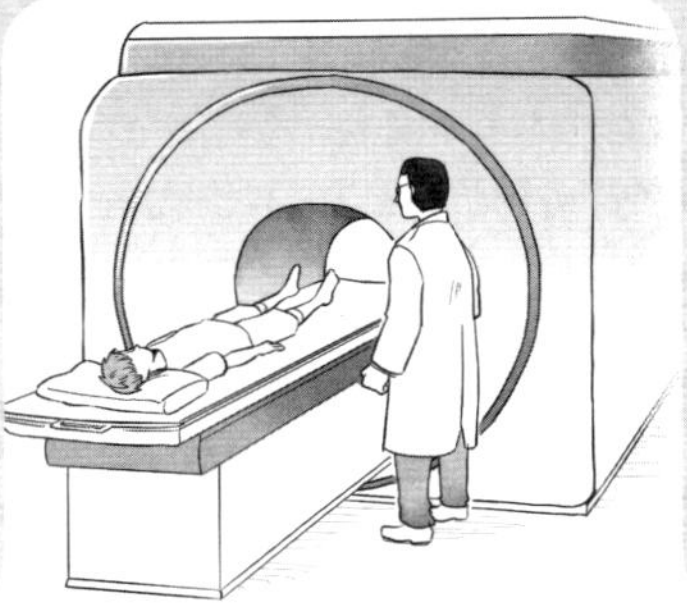

MRI《エムアールアイ》

体《からだ》の中《なか》を見《み》る機械《きかい》。時間《じかん》はかかるが、放射線《ほうしゃせん》による被《ひ》ばくがない。

1991年《ねん》 **化学賞《かがくしょう》**　R・R・エルンスト

2003年《ねん》 **生理学《せいりがく》・医学賞《いがくしょう》**

P・C・ラウターバー／

P・マンスフィールド

IC《アイシー》

電子器機《でんしきき》に使《つか》われる集積回路《しゅうせきかいろ》。携帯《けいたい》電話《でんわ》、パソコン、洗濯機《せんたくき》などの機械《きかい》の「頭脳《ずのう》」となって働《はたら》く部分《ぶぶん》。

2000年《ねん》 **物理学賞《ぶつりがくしょう》**

J・S・ギルビー

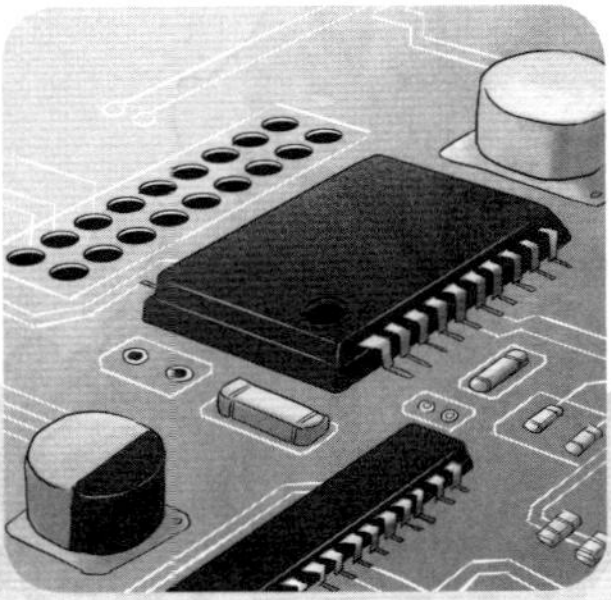

マラリアの新《あら》たな治療法《ちりょうほう》

それまでの薬《くすり》より副作用《ふくさよう》の少《すく》ないアルテミシニンという成分《せいぶん》を、古《ふる》くからある漢方薬《かんぽうやく》の中《なか》から発見《はっけん》した。

2015年《ねん》 **生理学《せいりがく》・医学賞《いがくしょう》**

屠《トゥー》 呦呦《ユーユー》

資料《しりょう》1 日本人《にほんじん》のノーベル賞受賞者《しょうじゅしょうしゃ》（二〇一六年《ねん》まで）

多《おお》くの日本人《にほんじん》が受賞《じゅしょう》しています。その研究《けんきゅう》や業績《ぎょうせき》について紹介《しょうかい》します。

1949年《ねん》 **物理学賞《ぶつりがくしょう》** **湯川秀樹《ゆかわひでき》** 陽子《ようし》と中性子《ちゅうせいし》を結《むす》ぶ「中間子《ちゅうかんし》」の存在《そんざい》を予言《よげん》。

1965年《ねん》 **物理学賞《ぶつりがくしょう》** **朝永振一郎《ともながしんいちろう》** 「量子電気力学《りょうしでんきりきがく》」の基礎的研究《きそてきけんきゅう》。素粒子物理学《そりゅうしぶつりがく》への貢献《こうけん》。

1968年《ねん》 **文学賞《ぶんがくしょう》** **川端康成《かわばたやすなり》** すぐれた感受性《かんじゅせい》をもって日本人《にほんじん》の心《こころ》の神髄《しんずい》を巧《たく》みに表現《ひょうげん》。

1973年《ねん》 **物理学賞《ぶつりがくしょう》** **江崎玲於奈《えさきれおな》** 半導体《はんどうたい》を研究《けんきゅう》し、「エサキ・ダイオード」の開発《かいはつ》につながる現象《げんしょう》を発見《はっけん》。

1974年《ねん》 **平和賞《へいわしょう》** **佐藤栄作《さとうえいさく》** 非核三原則《ひかくさんげんそく》（核兵器《かくへいき》を持《も》たず、作《つく》らず、持《も》ちこませず）の提唱《ていしょう》。

1981年《ねん》 **化学賞《かがくしょう》** **福井謙一《ふくいけんいち》** 化学反応過程《かがくはんのうかてい》の理論的研究《りろんてきけんきゅう》。

1987年《ねん》 **生理学《せいりがく》・医学賞《いがくしょう》** **利根川進《とねがわすすむ》** 体《からだ》がウイルスや細菌《さいきん》に立《た》ち向《む》かうために作《つく》る「抗体《こうたい》」についての研究《けんきゅう》。

＊素粒子《そりゅうし》は物質《ぶっしつ》を構成《こうせい》する最小《さいしょう》の単位《たんい》。ニュートリノは素粒子《そりゅうし》のひとつ。

1994年《ねん》　文学賞《ぶんがくしょう》　大江健三郎《おおえけんざぶろう》
詩的《してき》な力《ちから》によって現代人《げんだいじん》の苦悩《くのう》を描《えが》き、想像的《そうぞうてき》な世界《せかい》を創作《そうさく》。

2000年《ねん》　化学賞《かがくしょう》　白川英樹《しらかわひでき》
電気《でんき》を通《とお》すプラスチック（導電性《どうでんせい》ポリマー）の発見《はっけん》と開発《かいはつ》。

2001年《ねん》　化学賞《かがくしょう》　野依良治《のよりりょうじ》
左右反対《さゆうはんたい》の構造《こうぞう》をもつ分子《ぶんし》を作《つく》り分《わ》ける技術《ぎじゅつ》を開発《かいはつ》。

2002年《ねん》　物理学賞《ぶつりがくしょう》　小柴昌俊《こしばまさとし》
天体物理学《てんたいぶつりがく》、とくに宇宙《うちゅう》から届《とど》くニュートリノの観測《かんそく》へのパイオニア的貢献《てきこうけん》。

2002年《ねん》　化学賞《かがくしょう》　田中耕一《たなかこういち》
生体高分子《せいたいこうぶんし》（タンパク質《しつ》など）の質量《しつりょう》を量《はか》る方法《ほうほう》を発見《はっけん》。

2008年《ねん》　物理学賞《ぶつりがくしょう》　南部陽一郎《なんぶよういちろう》
素粒子物理学《そりゅうしぶつりがく》において、宇宙《うちゅう》のなりたちのなぞにせまる画期的《かっきてき》なメカニズムを発見《はっけん》。

2008年《ねん》　物理学賞《ぶつりがくしょう》　小林誠《こばやしまこと》　益川敏英《ますかわとしひで》
クォーク（素粒子《そりゅうし》のグループの一《ひと》つ）が六種類《ろくしゅるい》あると予言《よげん》。

2008年《ねん》　化学賞《かがくしょう》　下村脩《しもむらおさむ》
オワンクラゲから緑色蛍光《りょくしょくけいこう》タンパク質《しつ》（GFP《ジーエフピー》）を発見《はっけん》。

2010年《ねん》	化学賞《かがくしょう》	鈴木章《すずきあきら》 根岸英一《ねぎしえいいち》	有機化合物《ゆうきかごうぶつ》を合成《ごうせい》するクロスカップリング法《ほう》の開発《かいはつ》。
2012年《ねん》	生理学《せいりがく》・医学賞《いがくしょう》	山中伸弥《やまなかしんや》	iPS細胞《アイピーエスさいぼう》（人工多能性幹細胞《じんこうたのうせいかんさいぼう》）の開発《かいはつ》。
2014年《ねん》	物理学賞《ぶつりがくしょう》	赤﨑勇《あかさきいさむ》 天野浩《あまのひろし》 中村修二《なかむらしゅうじ》	青色発光《あおいろはっこう》ダイオード（青色LED《あおいろエルイーディー》）の発明《はつめい》。
2015年《ねん》	生理学《せいりがく》・医学賞《いがくしょう》	大村智《おおむらさとし》	寄生虫《きせいちゅう》によって引《ひ》き起《お》こされる感染症《かんせんしょう》の新《あたら》しい治療法《ちりょうほう》を発見《はっけん》。
2015年《ねん》	物理学賞《ぶつりがくしょう》	梶田隆章《かじたたかあき》	ニュートリノに質量《しつりょう》があることを実証《じっしょう》。
2016年《ねん》	生理学《せいりがく》・医学賞《いがくしょう》	大隅良典《おおすみよしのり》	細胞《さいぼう》が自《みずか》らのタンパク質《しつ》などを分解《ぶんかい》・再利用《さいりよう》する「細胞自食作用《さいぼうじしょくさよう》（オートファジー）」の仕組《しく》みを解明《かいめい》。

※同年受賞《どうねんじゅしょう》の場合《ばあい》は発表順《はっぴょうじゅん》。

※南部陽一郎博士《なんぶよういちろうはかせ》、中村修二博士《なかむらしゅうじはかせ》は米国籍《べいこくせき》での受賞《じゅしょう》。

資《し》料《りょう》2 国《くに》別《べつ》受《じゅ》賞《しょう》者《しゃ》数《すう》

国別《くにべつ》・分野別《ぶんやべつ》のノーベル賞《しょう》の受賞者数《じゅしょうしゃすう》（1901～2015年《ねん》）

国名《こくめい》＼分野《ぶんや》	物理学《ぶつりがく》	化学《かがく》	生理学《せいりがく》・医学《いがく》	経済学《けいざいがく》	文学《ぶんがく》	平和《へいわ》	計《けい》
アメリカ	85	66	99	52	10	25	337
イギリス	22	26	30	9	11	12	110
ドイツ	24	29	16	1	8	4	82
フランス	13	8	10	2	16	9	58
スウェーデン	4	5	8	2	8	5	32
スイス	3	6	6	－	2	10	27
日本《にほん》	**11**	**7**	**3**	－	**2**	**1**	**24**
ロシア（旧《きゅう》ソ連《れん》含《ふく》む）	11	1	2	1	3	2	20
オランダ	9	3	2	1	－	1	16
イタリア	3	1	3	－	6	1	14
カナダ	4	4	2	1	1	2	14
デンマーク	3	1	5	－	3	1	13
オーストリア	3	2	4	－	1	2	12
イスラエル	－	5	－	2	1	3	11
ベルギー	1	1	4	－	1	4	11
ノルウェー	－	1	2	3	3	2	11

184～185ページの表《ひょう》は、文部科学省《もんぶかがくしょう》「文部科学省統計要覧《もんぶかがくしょうとうけいようらん》」の「国別《くにべつ》・分野別《ぶんやべつ》のノーベル賞《しょう》の受賞者数《じゅしょうしゃすう》（1901～2015年《ねん》）」より、英文表記《えいぶんひょうき》を取《と》り、漢字《かんじ》にふりがなをつけたものです。2016年生理学《ねんせいりがく》・医学賞《いがくしょう》を大隅良典博士《おおすみよしのりはかせ》が受賞《じゅしょう》し、**2016年《ねん》10月現在《がつげんざい》、日本人《にほんじん》の受賞者《じゅしょうしゃ》は25人《にん》**です（南部陽一郎博士《なんぶよういちろうはかせ》・中村修二博士《なかむらしゅうじはかせ》も含《ふく》めています）。

分野《ぶんや》／国名《こくめい》	物理学《ぶつりがく》	化学《かがく》	生理学《せいりがく》・医学《いがく》	経済学《けいざいがく》	文学《ぶんがく》	平和《へいわ》	計《けい》
オーストラリア	－	－	6	－	1	－	7
南《みなみ》アフリカ	－	－	1	－	2	4	7
スペイン	－	－	1	－	5	－	6
アイルランド	1	－	－	－	3	1	5
アルゼンチン	－	1	2	－	－	2	5
インド	1	－	－	1	1	2	5
エジプト	－	1	－	－	1	2	4
中国《ちゅうごく》	－	－	1	－	1	1	3
トルコ	－	1	－	－	1	－	2
その他《た》	3	3	3	1	21	33	64
計《けい》	**201**	**172**	**210**	**76**	**112**	**129**	**900**

資料《しりょう》　文部科学省調《もんぶかがくしょうしら》べ（ノーベル財団資料《ざいだんしりょう》 等《とう》）

注《ちゅう》1　ノーベル財団《ざいだん》の発表等《はっぴょうとう》に基《もと》づき、文部科学省《もんぶかがくしょう》において、試行的《しこうてき》に取《と》りまとめている。

注《ちゅう》2　日本人受賞者《にほんじんじゅしょうしゃ》のうち、2008年物理学賞受賞《ねんぶつりがくしょうじゅしょう》の南部陽一郎博士《なんぶよういちろうはかせ》、2014年物理《ねんぶつり》学賞受賞《がくしょうじゅしょう》の中村修二博士《なかむらしゅうじはかせ》は、米国籍《べいこくせき》で受賞《じゅしょう》している。

注《ちゅう》3　日本人以外《にほんじんいがい》は、ノーベル財団《ざいだん》が発表《はっぴょう》している受賞時《じゅしょうじ》の国籍《こくせき》（二重国籍者《にじゅうこくせきしゃ》は出《しゅっ》生国《せいこく》）でカウントし、それらが不明《ふめい》な場合等《ばあいとう》は、受賞時《じゅしょうじ》の主《おも》な活動拠点国《かつどうきょてんこく》でカウントしている。

主要参考文献《しゅようさんこうぶんけん》・サイトなど

ノーベル賞とアルフレッド・ノーベル

ノーベル賞公式サイト
『ノーベル賞　110年の全記録』（ニュートンプレス）
『人類に進歩と平和を　ノーベル』（大野進著　講談社火の鳥伝記文庫）
『ノーベル賞　最高の栄誉に輝く科学者』（学研教育出版）
『ノーベル賞の大常識』（戎崎俊一監修　青木一平文　ポプラ社）
『知っていそうで知らない　ノーベル賞の話』（北尾利夫著　平凡社新書）
『人物で語る物理入門（下）』（米沢富美子著　岩波新書）
ニトログリセリンについて「世界大百科事典」（平凡社）／「日本大百科全書」（小学館）

マリー・キュリー

『マリー・キュリー　フラスコの中の闇と光』（バーバラ・ゴールドスミス著　小川真理子監修　竹内喜訳　WAVE出版）
『キュリー夫人伝』（エーヴ・キュリー著　河野万里子訳　白水社）
『輝く二つのノーベル賞　キュリー夫人』（ドーリー著　桶谷繁雄訳　講談社火の鳥伝記文庫）
『キュリー夫人』（伊東信著　ポプラ社）
『マリー・キュリー　新しい自然の力の発見』（オーウェン・ギンガリッチ編集代表　ナオミ・パサコフ著　西田美緒子訳　大月書店）
『わが母マリー・キュリーの思い出』（イレーヌ・キュリー著　内山敏訳　筑摩書房）

アルベルト・アインシュタイン

『新書で入門　アインシュタイン丸かじり』（志村史夫著　新潮新書）

『世界を変えた科学者　アインシュタイン』（スティーヴ・パーカー著　山崎正勝訳　岩波書店）
『科学の巨人　アインシュタイン』（岡田好惠著　講談社火の鳥伝記文庫）
『アインシュタイン　よじれた宇宙の遺産』（ミチオ・カク著　菊池誠監修　槇原凜訳　WAVE出版）
『アインシュタイン　その生涯と宇宙（上・下）』
（ウォルター・アイザックソン著　二間瀬敏史監訳　関宗蔵／松田卓也／松浦俊輔訳　武田ランダムハウスジャパン）

湯川秀樹

『旅人　ある物理学者の回想』（湯川秀樹著　角川文庫）
『湯川秀樹』（二反長半著　ポプラ社文庫）
『湯川秀樹　この人を見よ！　歴史をつくった人びと伝　27』（プロジェクト新・偉人伝　ポプラ社）
『苦楽の園』（湯川スミ著　講談社）
大阪府立大手前高校同窓会金蘭会サイト「金蘭会ここに人あり」湯川スミ

アルベルト・シュバイツァー

『水と原生林のはざまで』（シュヴァイツェル著　野村實訳　岩波文庫）
『わが生活と思想より』（アルベルト・シュヴァイツァー著　竹山道雄訳　白水社）
『生命への畏敬　アルベルト・シュワイツァー書簡集　1905‐1965』
（H．W．ベール編　野村実監修　會津伸／松村國隆訳　新教出版社）

川端康成

川端康成記念会サイト
『新潮日本文学アルバム16　川端康成』（新潮社）
「思ひ出すともなく」「美しい日本の私」（川端康成全集　第二十八巻　新潮社）

茨木市サイト
読売新聞「あの日あの時　川端康成にノーベル文学賞」2009年10月17日

マザー・テレサ

『伝記シリーズ　ナイチンゲール　ヘレン・ケラー　マザー・テレサ』（時海結以著　集英社みらい文庫）
『マザー・テレサ　かぎりない愛の奉仕』（沖守弘著　くもん出版）
『伝記　世界を変えた人々3　マザー・テレサ』（シャーロット・グレイ著　橘高弓枝訳　偕成社）
『マザー・テレサ　愛の軌跡』（ナヴィン・チャウラ著　三代川律子訳　日本教文社）
カトリック中央協議会サイト

下村脩

『クラゲに学ぶ　ノーベル賞への道』（下村脩著　長崎文献社）
『クラゲの光に魅せられて　ノーベル化学賞の原点』（下村脩著　朝日新聞出版）
『現代科学の大発明・大発見50　なぜその発明・発見はノーベル賞につながったのか？』
（大宮信光著　SBクリエイティブ　サイエンス・アイ新書）
日本経済新聞「私の履歴書　下村脩」2010年7月1日～7月31日
国立科学博物館サイト「速報：ノーベル化学賞受賞：緑色蛍光タンパク質（GFP）の発見と開発」

山中伸弥

『ひろがる人類の夢　iPS細胞ができた！』（山中伸弥／畑中正一著　集英社文庫）
『山中伸弥先生に、人生とiPS細胞について聞いてみた』（山中伸弥著／緑慎也著〈聞き手〉　講談社）
『「大発見」の思考法　iPS細胞vs.素粒子』（益川敏英／山中伸弥著　文春新書）
日本経済新聞「山中教授、手術苦手で「ジャマナカ」のあだ名」2012年10月8日

マララ・ユスフザイ

『わたしはマララ　教育のために立ち上がり、タリバンに撃たれた少女』
（マララ・ユスフザイ／クリスティーナ・ラム著　金原瑞人／西田佳子訳　学研）
『武器より一冊の本をください　少女マララ・ユスフザイの祈り』（ヴィヴィアナ・マッツァ著　横山千里訳　金の星社）
『マララ　教育のために立ち上がり、世界を変えた少女』（マララ・ユスフザイ／パトリシア・マコーミック著　道傳愛子訳　岩崎書店）
『マララ・ユスフザイ国連演説＆インタビュー集』（CNN English Express編　朝日出版社）
映画『わたしはマララ』（デイヴィス・グッゲンハイム監督）
NHKクローズアップ現代「16歳不屈の少女　～マララ・ユスフザイさん」2014年1月8日放映

大村智

『自然が答えを持っている』（大村智著　潮出版社）
『至誠天に通ず』（大村智著　実業之日本社）〈電子オリジナル版〉
『大村智　2億人を病魔から守った化学者』（馬場錬成著　中央公論新社）
『大村智物語　ノーベル賞への歩み』（馬場錬成著　中央公論新社）
『完全保存版　ノーベル賞受賞記念　大村智博士の一期一会　次代へつなぐ30の言葉』（山梨日日新聞社）
「大村智と梶田隆章　ノーベル賞受賞者という生き方」（別冊宝島2420　宝島社）
毎日新聞「ストーリー　ノーベル賞・大村智さん「実学の精神」人の役に立ちたい」2015年12月13日
日本経済新聞「私の履歴書　大村智」2016年8月1日～8月31日

小柴昌俊・梶田隆章

『ニュートリノと私』（小柴昌俊著　PHP研究所）
『ニュートリノの夢』（小柴昌俊著　岩波ジュニア新書）
『やれば、できる。』（小柴昌俊著　新潮社）

『ニュートリノで探る宇宙と素粒子』(梶田隆章著　平凡社)
『ニュートリノ　小さな大発見　ノーベル物理学賞への階段』(梶田隆章/朝日新聞科学医療部著　朝日新聞出版)
『ニュートリノってナンダ?　理科オンチにもわかる素粒子と宇宙のはなし』(荒舩良孝著　誠文堂新光社)
「大村智と梶田隆章　ノーベル賞受賞者という生き方」(別冊宝島2420　宝島社)
NHK「とことん知りたい!ノーベル賞」2015年12月28日放映

その他

『世界を変えた偉業の数々　ノーベル賞がわかる事典　人類の知恵が見えてくる!』(土肥義治監修　PHP研究所)
『ノーベル賞と日本人』(別冊宝島2083　宝島社)
『21世紀の知を読みとく　ノーベル賞の科学―なぜ彼らはノーベル賞をとれたのか―』【生理学医学賞編】【物理学賞編】(矢沢サイエンスオフィス編著　技術評論社)

集英社みらい文庫

夢《ゆめ》をつかもう！
ノーベル賞感動物語《しょうかんどうものがたり》

高橋《たかはし》うらら　著
森川《もりかわ》泉《いずみ》　絵

ファンレターのあて先
〒101-8050　東京都千代田区一ツ橋2-5-10　集英社みらい文庫編集部
いただいたお便りは編集部から先生におわたしいたします。

2016年10月31日　第1刷発行

発行者	北畠輝幸
発行所	株式会社 集英社 〒101-8050　東京都千代田区一ツ橋2-5-10 電話　編集部 03-3230-6246 読者係 03-3230-6080 販売部 03-3230-6393（書店専用） http://miraibunko.jp
装　丁	佐藤真琴・松尾美恵子(株式会社鷗来堂)　中島由佳理
編集協力	株式会社鷗来堂
印　刷	大日本印刷株式会社　凸版印刷株式会社
製　本	大日本印刷株式会社

ISBN978-4-08-321343-4　C8295　N.D.C.913　190P　18cm

©Takahashi Urara　Morikawa Izumi　2016
Printed in Japan

定価はカバーに表示してあります。造本には十分注意しておりますが、乱丁、落丁（ページ順序の間違いや抜け落ち）の場合は、送料小社負担にてお取替えいたします。購入書店を明記の上、集英社読者係宛にお送りください。但し、古書店で購入したものについてはお取替えできません。
本書の一部、あるいは全部を無断で複写（コピー）、複製することは、法律で認められた場合を除き、著作権の侵害となります。また、業者など、読者本人以外による本書のデジタル化は、いかなる場合でも一切認められませんのでご注意ください。

「みらい文庫《ぶんこ》」読者《どくしゃ》のみなさんへ

言葉《ことば》を学《まな》ぶ、感性《かんせい》を磨《みが》く、創造力《そうぞうりょく》を育《はぐく》む……、読書《どくしょ》は「人間力《にんげんりょく》」を高《たか》めるために欠《か》かせません。たった一枚《いちまい》のページをめくる向《む》こう側《がわ》に、未知《みち》の世界《せかい》、ドキドキのみらいが無限《むげん》に広《ひろ》がっている。これこそが「本《ほん》」だけが持《も》っているパワーです。

学校《がっこう》の朝《あさ》の読書《どくしょ》に、休《やす》み時間《じかん》に、放課後《ほうかご》に……。いつでも、どこでも、すぐに続《つづ》きを読《よ》みたくなるような、魅力《みりょく》に溢《あふ》れる本《ほん》をたくさん揃《そろ》えていきたい。読書《どくしょ》がくれる、心《こころ》がきらきらしたり胸《むね》がきゅんとする瞬間《しゅんかん》を体験《たいけん》してほしい、楽《たの》しんでほしい。みらいの日本《にほん》、そして世界《せかい》を担《にな》うみなさんが、やがて大人《おとな》になった時《とき》、「読書《どくしょ》の魅力《みりょく》を初《はじ》めて知《し》った本《ほん》」「自分《じぶん》のおこづかいで初《はじ》めて買《か》った一冊《いっさつ》」と思《おも》い出《だ》してくれるような作品《さくひん》を一所懸命《いっしょけんめい》、大切《たいせつ》に創《つく》っていきたい。

そんないっぱいの想《おも》いを込《こ》めながら、作家《さっか》の先生方《せんせいがた》と一緒《いっしょ》に、私《わたし》たちは素敵《すてき》な本作《ほんづく》りを続《つづ》けていきます。「みらい文庫《ぶんこ》」は、無限《むげん》の宇宙《うちゅう》に浮《う》かぶ星《ほし》のように、夢《ゆめ》をたたえ輝《かがや》きながら、次々《つぎつぎ》と新《あたら》しく生《う》まれ続《つづ》けます。

本《ほん》を持《も》つ、その手《て》の中《なか》に、ドキドキするみらい――。

本《ほん》の宇宙《うちゅう》から、自分《じぶん》だけの健《すこ》やかな空想力《くうそうりょく》を育《そだ》て、〝みらいの星《ほし》〟をたくさん見《み》つけてください。

そして、大切《たいせつ》なこと、大切《たいせつ》な人《ひと》をきちんと守《まも》る、強《つよ》くて、やさしい大人《おとな》になってくれることを心《こころ》から願《ねが》っています。

2011年《ねん》　春《はる》

集英社《しゅうえいしゃ》みらい文庫編集部《ぶんこへんしゅうぶ》